汉字进阶教程

Chinese Character Textbook for Intermediate Learners

刘东青 编著

SinolinguA
华语教学出版社

First Edition 2025

ISBN 978-7-5138-2712-6
Copyright 2025 by Sinolingua Co., Ltd
Published by Sinolingua Co., Ltd
24 Baiwanzhuang Street, Beijing 100037, China
Tel: (86) 10-68320585 68997826
Fax: (86) 10-68997826 68326333
https://www.sinolingua.com.cn
E-mail:hyjx@sinolingua.com.cn
Printed by Beijing Hucais Culture Communication Co., Ltd

Printed in the People's Republic of China

前 言

　　《汉字进阶教程》是为达到中级汉语水平（HSK 4 级以上）的留学生开发的汉字教材，旨在强化汉字形、音、义方面的基础知识，揭示构字原理、构词规律，引导留学生认识汉字与汉语及中国文化的内在关联，进而培养留学生的汉字字感，提升感知和应用汉字的综合能力。

　　本教材通过介绍汉字知识、汉字部件、字族、词族、汉字文化等内容，引导留学生发现汉字的系统化特征和字词组合规律。汉字部件自成体系，体现了古人"近取诸身，远取诸物"的造字原则。本教材先从汉字的部件入手，提纲挈领地梳理汉字系统，再由部件引出字族和词族，进而在此基础上归纳总结汉语字词的特点和组合规律。实际上，当我们把字和词一组一组地呈现在留学生面前时，其规律就会浮出水面；通过多张图表条分缕析地总结分析汉字义项和汉字文化知识，留学生会有拨云见日般的顿悟感。

　　本教材从宏观上展示汉字的系统性特征，从微观上反映字音、字义、字词之间的内在联系，引导学生掌握学习汉语字词的策略。书中大量采用思维导图和字义分析图等图表的形式呈现汉字知识，这也是培养留学生进行系统分析、归纳总结和对比研究的高阶思维能力的一种尝试。希望教师能充分利用本教材，引导留学生深入思考，促进知识应用和能力迁移。汉字是中国文化的重要载体，其中有丰富的文化知识资源，建议教师根据学生的兴趣和需要大胆取舍，对文化知识的教学尽量做到：择机而教，有感而发，适可而止。

　　本教材强调在应用中学习和思考，每一部分都有相应的练习题或思考题。如以阅读材料的形式呈现汉字知识，学生通过阅读短文并完成相应的习题，即可了解汉字发展历史、字型结构特点、造字法等。本教材包含丰富的字、词、义的材料，教师要逐步从示范到放手，引导学生自主归纳和分析它们的特点和规律，如对字族中的汉字进行归类分析的标准可能来自字义、词性、造字法、汉字结构等不同角度；也可以通过鼓励学生发现词族中的某类构词法、词性、义类等途径，引导学生深入认识字词关系。

本教材依据学习者的认知规律编排教学内容。教材共 15 课，从人体器官、社会生活、日常生活、外部世界等方面分别介绍 15 组部件。每课都先从部件拓展出字族，再从字族中有代表性的汉字拓展出词族，进而通过分析某类词的特点归纳出语素组合规则。每一个部件都按照"部件→字族→词族→归纳语素组合规则"的顺序进行延展。这是一个从简单到复杂、从具体到抽象的思维过程。在此过程中，学生既扩大了字词量，又加深了对字词的理解；既了解了汉字的系统性，又认识了词语构成规律；既从汉字的角度认识了汉语特征，又掌握了汉字学习乃至汉语学习的技巧和策略。

本教材适用于课堂教学、雨课堂平台和翻转课堂的教学方式。为了适应现代教育发展的形势需要，本教材还制作了相应的动态书写示范的视频和课件，其中包括一系列知识点提示、问题支架和教学活动建议。敬请领取相应的课件，也欢迎各位同人提出宝贵意见。

感谢语合中心专家审核本教材并提出诸多宝贵意见，感谢英国同行 Peter Rees-Farrell 校对本教材的英文部分。

编　者
2024 年春

使 用 说 明

1. 适用范围:《汉字进阶教程》是为达到中级汉语水平（HSK 4 级以上）的留学生开发的汉字教材，可以在课堂教学中使用，也可以用于自学。

2. 教学目标：本教材可帮助学习者学习汉字基本知识，扩充字词量，了解字理和相关文化常识；根本目标是培养学习者的字感，提升感知和应用汉字的综合能力。

3. 教学内容：本教材包括 30 余组汉语字词知识、60 余个部件及其统领的字族，以及部分汉字所统领的 100 多组词族，以期通过"一组一组地学习字词"，引导学生认识汉字的系统性和规律性。

4. 教学安排：本教材共 15 课，建议每课的学习时间为 6—8 学时，课堂教学 3—4 学时，课外学习（包括预习和完成练习）3—4 学时。

5. 课本内容及教学建议：

（1）教学目标——供师生检查学习效果，其中标明需要了解和领会的内容。字族和词族均依据《国际中文教育中文水平等级标准》用一级至六级字样明确标示出相应的等级，可根据学生的能力和学习需求提出具体掌握到某一等级的字词。

（2）汉字知识——每课以阅读材料的形式介绍汉字知识，并配有相应习题。这些知识对学生了解汉字和学习汉语具有启发意义，不必要求学生死记硬背，尽量通过应用加深理解。

（3）汉字部件、字族、词族——重点部件包括字形演变及解说两部分，旨在让学生了解部件的字形演变过程及含义、特点和构字规律。字族和词族是根据《国际中文教育中文水平等级标准》选取字词并按照等级呈现的。重点汉字的"常用义项"可供学生从字义的角度理解词义。字族和词族部分的重点是根据材料归纳分析，认识字词的特点，提炼字词构成的规律，以期通过推演"部件→字族→词族"的过程，启发学生认识汉字的系统性和规律性特征，最终达到提高字感的目的。

（4）自主学习部分——每课有两三个自主学习的部件，供学生个人或以小组合作的形式分析总结字词规律，拓展学习内容，增强学生的自主学习能力。

（5）习题——本教材在汉字知识、部件、字族、词族、思维导图、字义分析等各个板块都设计了相应的习题。通过阅读材料，学生可以了解汉字知识和汉字文化常识；通过汉字组合成词语、词语组合成短语的练习，学生可以思考字词之间的联系；通过选词填空，学生可以从字词过渡到句子，在句子中认识语素和词语的意思及用法；通过制作、补充或讨论思维导图、字义分析示意图，学生可以深入认识汉字的系统化特征，培养归纳总结的能力。教师要尽量鼓励学生创造性地梳理字词，不必强求一律。

6.教学策略和教学模式建议：本教材中各个板块都有相应的习题，以识记和理解为主的内容可安排学生在课前自主完成；以应用和分析为主的内容可在课上由老师带领或小组共同完成。在部件、字族、词族等主要板块，教师要尽量调动学生进行分析总结，引导学生探索字词规律和认识汉字的系统性特征。比如在字族和词族环节，让学生读字词的方式是比较低效和无趣的，建议教师根据学生的能力，参考PPT课件的问题支架引导学生对字词进行归纳总结和分类分析，还可根据每一课的汉字知识引导学生主动思考哪些字是象形字、哪些字是上下结构的、哪些字可以用作名词、哪些字意思接近、哪些字表示动作……总之，要千方百计地鼓励学生按照自己发现的特征对汉字进行归纳分析。词族部分也可以采取类似方式进行引导，如哪些词是名词、哪些词是动宾结构、哪些词包含多音字，等等。

本教材适用于翻转课堂的教学模式，课上环节主要用于分析、分享、交流、评价；如不采用翻转课堂的教学模式，也应要求学生做好预习（包括自主学习部分的内容），启发学生在应用的基础上探索字词规律。

可通过邮件（1064821834@qq.com）或扫描二维码索取汉字书写动态演示文稿及PPT课件。课件以文字材料、问题支架和活动建议为主。欢迎各位同人通过邮件联系，以便我们建立课程教研群，互相交流，分享材料，完善课程。

目 录

V

第四单元　外部世界与汉字

第一单元
人体器官与汉字

第一课　口目古占

教学目标

1. 理解汉字知识：汉字的数量和高频汉字
2. 了解汉字文化常识：汉字的起源
3. 通过学习"口、目"等部件所统领的字族及其词族，认识汉语字词规律

汉字知识　汉字的数量和高频汉字

很多留学生认为，汉语之所以难学是因为汉字太多了。已经学习了很长时间中文的留学生还常常会遇到生字，好像汉字多得学不完。那么，到底有多少汉字？人们应该掌握多少汉字呢？

从汉字发展的历史来看，汉字的数量呈现出越来越多的趋势。这主要是因为随着社会的发展，需要用文字记录的事物越来越多，尤其在古汉语中，通常用一个字表达一个特定含义，那么就需要创造出越来越多的汉字。比如，相传成书于春秋（Spring and Autumn Period, 770–476 B.C.）战国（Warring States Period, 475–221 B.C.）之交的《史籀（zhòu）篇》收录的汉字据说有两千个左右；秦代（Qin Dynasty, 221–206 B.C.）的《仓颉（jié）篇》《爰（yuán）历篇》《博学篇》三部字书收录的字数总合达到了三千多个；东汉时期（Eastern Han Dynasty, 25–220）许慎（shèn）所编著的《说文解字》收录了9353个汉字；宋代（Song Dynasty, 960–1279）的《类篇》收录了31319个汉字；清代（Qing Dynasty, 1616–1911）的《康熙（xī）字典》收录了47035个汉字；当代的《中华字海》收录了85568个汉字。

有这么多汉字，难道都需要我们记住吗？其实，庞大的汉字数量是长期发展变化和不断积累的结果。1988年公布的《现代汉语通用字表》有7000个汉字，这些汉字在现当代读物中的覆盖率高达99.999%以上。现在被广泛使用的《新华字典》（第12版）所收录的汉字有13000多个。

那么对留学生而言，应掌握多少汉字呢？1992年出版的汉语水平考试（HSK）

《汉语水平词汇与汉字等级大纲》中收录了 2905 个汉字。2021 年出版的《国际中文教育中文水平等级标准》中收录了 3149 个汉字。从实用的角度来看，根据《中国语言生活状况报告》在 2005—2011 年的统计结果，大约 2400 个常用汉字在现当代读物中的覆盖率就能达到 99%，950 个常用汉字的覆盖率是 90%，600 个常用汉字的覆盖率能达到 80% 以上。

以下就是一组高频汉字，这 140 个汉字在现当代读物中的覆盖率高达 50%，其中前 5 个汉字的覆盖率是 10%：

的	一	是	了	我	不	人	在	他	有	这	个	上	们
来	到	时	大	地	为	子	中	你	说	生	国	年	着
就	那	和	而	地	出	也	得	里	后	自	以	会	家
可	下	之	都	天	去	能	对	小	多	然	于	心	学
么	用	面	第	看	起	发	当	没	成	只	如	事	把
还	面	之	样	道	想	现	前	开	美	总	从	无	情
己	动	最	女	但	头	些	经	所	同	日	手	又	行
意	很	方	期	它	间	思	长	儿	回	位	分	爱	老
因	被	给	名	法	其	进	知	世	什	两	次	使	身
者	高	已	亲			此	话	常		与	活	正	感

练习 · 选择填空 ·

1. 从汉字发展的历史来看，汉字数量越来越（　　　）。

A. 少　　　B. 多　　　C. 基本不变

2. 《说文解字》的作者是（　　　）。

A. 许慎　　B. 康熙　　C. 仓颉

3. 在 140 个高频汉字中，发音为 "shì" 的汉字有（　　　　　）；多音字有（　　　　　）；（　　　　　）等字常用作动词；（　　　　　）等字常用作名词；（　　　　　）等字常用作形容词；（　　　　　）等字常用作量词。

 口 部

甲骨文　　　篆书　　　隶书　　　楷书　　　行书

【解说】

　　"口"是象形字，甲骨文的字形就像张开的嘴巴。以"口"为部件的字，常表示口部器官（如：喉、唇、舌），口部动作（如：吃、吹、喊），与语言交流有关的行为（如：听、问、告）等，也常用于音译字以及表示声音和语气的字（如：咖、啪、啊）。在汉字演变过程中，有一些与"口"相似的部件归入了口部，这类含有部件"口"的汉字实际上与嘴巴没有直接关系，如：君、吉、中等。

　　口 is a pictograph, and its oracle bone inscription is like the shape of an open mouth. Chinese characters with 口 often relate to the mouth, throat, lips and so on (for example, 嘴，喉，唇), oral movements (for example, 吃，吹，喊), behaviors related to verbal communication (for example, 听，问，告), etc., and are also commonly used in transliteration of words and words that indicate sound and tone (for example, 咖，啪，啊). In the evolution of Chinese characters, some components similar to 口 were classified into the 口 radical, and these kind of Chinese characters with the component 口 actually have nothing to do with 口, such as 君，吉，中.

【口部所统领的字族】

一级：吧　唱　吃　高　告　哥　号　和（hé）喝　回　后　叫　口
　　　吗　名　哪（nǎ）呢　同　听　问　喜　右　知　中（zhōng）

二级：吹　啊（a）喊　加　句　可　哭　亮　如　司　虽　味　喂
　　　向　响　言　咱　占　只（zhǐ）周　嘴

三级：吵　啡　否　各　古　哈　和（huó）另　命　啤　品　善
　　　石　史　台　营　赢　员　只（zhī）足

四级：啊（ā）吧（bā）含　呼　哪（na）售　吸　呀　兄　叶
　　　召　中（zhòng）

五级：呆 吨 咳 骂 喷 启 吐（tǔ）吐（tù）唯 吓 咬
六级：吊 谷 吉 扣 啦 嘛 舌 叹 吞 哇 哲 咨

练习 选字组词

舌　占　古　吉　告

（　　）有　（　　）别　（　　）代　（　　）头　（　　）祥

台　各　召　后　合

（　　）种　（　　）果　（　　）适　（　　）开　（　　）阶

号　兄　足　另　只

（　　）弟　（　　）要　（　　）够　（　　）码　（　　）外

司　同　问　向　周

公（　　）　四（　　）　相（　　）　方（　　）　疑（　　）

【口部常用汉字的词族】

一级：口　路口　门口
二级：出口（名词）人口　入口
四级：出口（动词）进口　口袋
　　　口语
五级：口号　一口气
六级：窗口　港口　口试　伤口

常用义项
①嘴 mouth：口罩。
②出入通过的部位 entrance：入口。
③容器通外面的地方 open end：瓶口。

二级：可爱　可能　可怕　可是
　　　可以
三级：可靠　可乐　认可
四级：可见
五级：可　尽可能　可怜　可惜
　　　许可

常用义项
①能够；表同意 to permit：许可。
②值得 worthy：可靠。
③表示被允许或能实现 possibly：可以。
④表示转折 but：可是。

品

三级：商品　　食品　　作品

四级：产品　　品质

五级：品（动词）　　豆制品　　农产品

　　　品（后缀，工艺品）　　品种

　　　水产品

六级：成品　　毒品　　精品　　品牌

　　　乳制品　　物品　　药品　　用品

常用义项
①物件 thing; article：商品。
②种类 kind：品种。
③等级 grade：精品。

练习1 写出包含下列汉字的词语

告_____

合_____

吃_____

名_____

练习2 选词填空

可爱　可以　可靠　认可　可惜

可怕　可是　可怜　可能　尽可能

1.老板对他的能力和人品都非常（　　　　），认为他（　　　　）承担起总经理的责任，但很（　　　　），他没能抓住这次升职的机会。

2.我信任他，他是我最（　　　　）的朋友，所以我把那只活泼（　　　　）的小猫送到他家里，我相信他会（　　　　）照顾好它。

3.恐怖电影中有一些非常（　　　　）的画面，（　　　　）我仍然忍不住想看。

4.这只小狗十分瘦弱，看上去非常（　　　　），医生说小狗病得很重，（　　　　）活不了多久了。

练习❸ 根据下列句子，为"品"字选择恰当的含义

①物件，东西　②等级　③种类
④道德水平　⑤体察，辨别好坏（动词）

1.中国朋友请我去饭店品尝（　　　）精品（　　　）烤鸭。

2.这家超市里的商品（　　　）质量好，价格不贵，品种（　　　）齐全。

3.这个人的人品（　　　）不太好，所以大家不愿意跟他打交道。

目 部

| 甲骨文 | 篆书 | 隶书 | 楷书 | 行书 |

【目部所统领的字族】

一级：看（kàn）着（zhe）睡

二级：睛　目　省　相（xiāng）相（xiàng）眼

三级：冒

四级：泪　着（zháo）

五级：盾　眠　瞧

六级：督　看（kān）盲　盼

练习❶ 选择填空

"目"在以上这组汉字中主要充当_____（A.义符 B.音符），其中
（　　　　　　　　　　　）等汉字表示眼部动作；（　　　　　　　　）等汉
字是与眼睛有关的名词。

看 盾 省 督 冒

矛（　　） 监（　　） 感（　　） 观（　　） 节（　　）

眼 睡 盼 盲 着

（　　）望 （　　）眠 （　　）急 （　　）睛 （　　）人

【目部常用汉字的词族】

目

二级：节目　目的

三级：目标　目前　题目

四级：项目

五级：目光　数目

六级：栏目

常用义项

①眼睛 eye：目光。

②看 to look：一目了然。

③名称 name：题目。

④目录 catalogue：剧目。

眼

二级：眼　眼睛

三级：眼前

四级：眼镜　眼泪　眼里

五级：眼光

六级：亲眼　眼看

常用义项

①眼睛 eye：眼镜。

②小洞 small hole：针眼。

看

一级：看　好看　看病　看到　看见

二级：看法　难看

三级：观看　看起来　看上去　收看

四级：看不起　看来　看望

五级：看成　看出　看待

六级：查看　看（kān）看（kān）管

　　　看得见　看得起　看好　看作　眼看

常用义项

①视线接触 eye contact：看见。

②访问 to visit：看望。

③对待 to treat：看不起。

④守护 look after：看管。

练习① 写出包含下列汉字的词语

着＿＿＿＿＿＿＿＿＿＿＿＿＿＿＿＿＿＿＿＿＿＿＿＿＿

相＿＿＿＿＿＿＿＿＿＿＿＿＿＿＿＿＿＿＿＿＿＿＿＿＿

练习② 填写量词

一（　　　）节目　　两（　　　）项目　　三（　　　）目的
一（　　　）眼睛　　两（　　　）眼泪　　三（　　　）眼镜

练习③ 填写恰当的名词，组成短语

好看的（　　　）　　难看的（　　　）　　目前的（　　　）
观看（　　　）　　　看见（　　　）　　　看望（　　　）

自主学习部分

古 部

【字族】

二级：故

三级：古　姑　苦

四级：固　居

五级：估　胡

练习① 选择填空

以上这组汉字都含有部件＿＿＿＿＿＿＿（A.十 B.口 C.古），这个部件在整字中主要充当＿＿＿＿＿＿＿（A.音符 B.义符），大部分汉字的发音都含有韵母＿＿＿＿＿＿＿（A.g B.u C.ü）。

古　固　故　估　姑

（　　）定　（　　）老　（　　）娘　（　　）计　（　　）事

苦　居　故　固　估

邻（　　）　坚（　　）　评（　　）　辛（　　）　事（　　）

占　部

【字族】

一级：点　店　站

二级：占

四级：贴　战

六级：钻

练习1 选择填空

以上这组汉字都含有部件（　　）（A.占　B.口　C.古），这个部件在整字中主要充当（　　）（A.音符　B.义符），这组汉字中韵母不含"an"的汉字是（　　）。

练习2 选字组词

站　战　占　钻　点

（　　）领　（　　）头　（　　）住　（　　）争　（　　）研

站　战　店　贴　点

酒（　　）　特（　　）　车（　　）　挑（　　）　补（　　）

练习3 写出包含下列汉字的词语

点_____

店_____

口　部

练习1 写出包含口（guó/wéi）部的汉字

口　国　园_____

练习2 写出包含下列汉字的词语

因_____

国_____

园_____

练习3 分析口（kǒu）和口（guó/wéi）两个部件的区别

在字义分析图中补充适当的例词或例句。

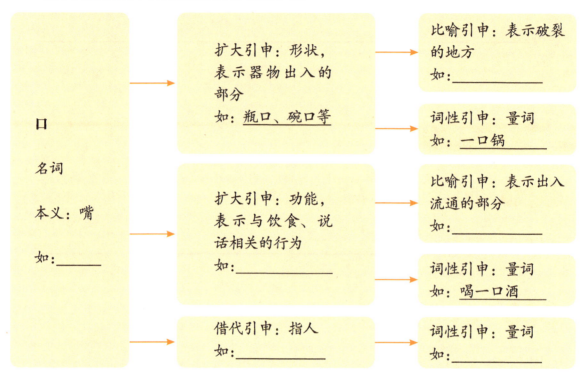

口
名词
本义：嘴
如：_____

扩大引申：形状，表示器物出入的部分
如：瓶口、碗口等

扩大引申：功能，表示与饮食、说话相关的行为
如：_____

借代引申：指人
如：_____

比喻引申：表示破裂的地方
如：_____

词性引申：量词
如：一口锅

比喻引申：表示出入流通的部分
如：_____

词性引申：量词
如：喝一口酒

词性引申：量词
如：_____

汉字文化阅读材料

汉字的起源

　　汉字的历史非常悠久，而且据文字学家推测，在成熟的汉字系统出现之前的很长时期内就已经出现了汉字的雏形。

　　人们对汉字的起源有不同的说法。在这些说法中，有的是推测的结果，比如一部分汉字是象形文字，所以有人认为汉字起源于图画；有的是古书上的记载，比如有人根据《周易》的记载提出汉字起源于八卦和锲刻；有的是来自传说，比如仓颉（jié）造字的传说在中国流传得很广。据史书记载，仓颉是黄帝的史官，他的形象很特别，有四只眼睛。仓颉通过观察鸟和虫子在地上留下的印迹而创造了文字。据学者考证，在古代确实有仓颉这个人，他可能做了文字搜集、整理、规范等方面的工作，但不可能是他一人创造了庞大的汉语文字系统。

练习 填空题

根据中国古代传说，汉字的创造者是（　　　　　　），他是通过观察（　　　　　　）和（　　　　　　）在地上留下的印迹创造的汉字。

 思维导图

口部统领的字族及其词族

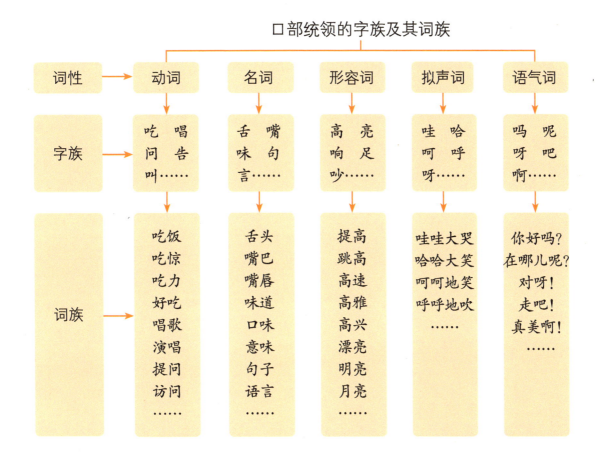

词性	动词	名词	形容词	拟声词	语气词
字族	吃 唱 问 告 叫……	舌 嘴 味 句 言……	高 亮 响 足 吵……	哇 哈 呵 呼 呀……	吗 呢 呀 吧 啊……
词族	吃饭 吃惊 吃力 好吃 唱歌 演唱 提问 访问 ……	舌头 嘴巴 嘴唇 味道 口味 意味 句子 语言 ……	提高 跳高 高速 高雅 高兴 漂亮 明亮 月亮 ……	哇哇大哭 哈哈大笑 呵呵地笑 呼呼地吹 ……	你好吗？ 在哪儿呢？ 对呀！ 走吧！ 真美啊！ ……

第二课　手足交青

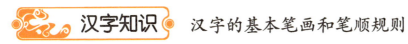
教学目标

1. 理解汉字知识：汉字的基本笔画和笔顺规则
2. 了解汉字文化常识：汉字中的"手"
3. 通过学习"手、足"等部件所统领的字族及其词族，认识汉语字词规律

汉字知识　汉字的基本笔画和笔顺规则

笔画	名称	例字		笔画	名称	例字	
一	横	开	土	㇄	竖弯	四	西
丨	竖	中	上	亅	竖钩	小	可
丿	撇	天	禾	㇂	弯钩	了	手
㇏	捺	人	尺	㇀	斜钩	我	式
丶	点	头	下	㇜	撇折	去	东
㇀	提	虫	把	㇃	卧钩	心	必
㇆	横折	口	五	㇛	撇点	女	好
㇇	横撇	子	水	㇆	横折钩	力	月
㇇	横钩	你	写	㇟	竖弯钩	儿	也
㇗	竖折	山	牙	㇡	横折弯钩	几	忆
㇌	竖提	长	比	㇉	竖折折钩	马	鸟

上表是汉字的基本笔画。笔画是构成汉字字形的最小连笔单位。从落笔到起笔所写的点或线就是一笔或一画。练习笔画对于学习写汉字很有帮助，要注意观察笔画的落笔和起笔的位置以及行笔的方向。传统的汉字基本笔画有 8 种，即"点（diǎn）（丶）横（héng）（一）竖（shù）（丨）撇（piě）（丿）捺（nà）（丶）提（tí）（一）折（zhé）（⁊）"。

绝大多数汉字都包含多个笔画，书写汉字时笔画的先后顺序被称为"笔顺"。汉字笔顺的基本规则是：先横后竖（十），先撇后捺（人），从上到下（三），从左到右（川），从外到内（月），从外到内后封口（四），先中间后两边（小），等等。这些规律是在长期书写过程中探索的，多数汉字的写法是以上规则的综合运用。虽然不按照笔顺书写不一定会影响字形，但按照笔顺书写更容易把字写对、写好。

练习 1 根据表格中的信息，把表格补充完整，并各写出 3 个例字。

笔画名称	笔画	例字			
（　　　　　）	⁊	买	（　　　）	（　　　）	（　　　）
横折钩	（　　）	句	（　　　）	（　　　）	（　　　）
竖钩	（　　）	利	（　　　）	（　　　）	（　　　）
竖提	（　　）	以	（　　　）	（　　　）	（　　　）
（　　　　　）	㇈	礼	（　　　）	（　　　）	（　　　）

练习 2 写出下列汉字的笔画数并写出第三个笔画

汉字	口	目	古	占	回	学	字	也
笔画数	3							
第三个笔画	一							
汉字	鸟	展	称	词	四	风	水	汉
笔画数	5							
第三个笔画	、							
汉字	永	交	手	青	天	下	画	龙
笔画数	5							
第三个笔画	㇅							

汉字部件、字族和词族

手 部

| 甲骨文 | 篆书 | 隶书 | 楷书 | 行书 |

【解说】

"手"是象形字，甲骨文和小篆的字形就像张开的手掌。作为部件，手部一般充当义符，在整字左部时常被写作"扌"，俗称"提手旁"；在整字下部时，常被写作"手"或"龵"；手部有时还被写作"龵"。含有手（扌、龵、龵）部的汉字常表示手的部位（如：指、掌、拳）或与手有关的动作（如：拿、握、举、掰）。

手 is a pictographic character, and its oracle bone inscription and small seal character are like open palms. As a radical, 手 generally acts as a signifier, and is often written on the left side of the Chinese character as 扌, commonly known as 提手旁; in the lower part of the Chinese character, it is often written as 手 or 龵; sometimes 手 is also written as 龵. Chinese characters containing 手 (扌, 龵, 龵) usually indicate a part of the hand (for example, 指, 掌, 拳) or a movement related to the hand (for example, 拿, 握, 举, 掰), etc.

【手部所统领的字族】

一级：打（dǎ） 看（kàn） 拿 手 找

二级：报 掉 换 接 举 拉 排 提 挺 推

三级：按 把 搬 播 挂 技 拍 批 握 指 抓

四级：摆 抱 擦 操 抄 打（dá） 担 括 扩 描 摸 扫
授 挑（tiāo） 挑（tiǎo） 投 扬 摇 择 招 折

五级：拔 拜 扮 拆 挡 扶 搞 挤 披 扰 扔 摄 拾
摔 搜 损 抬 托 押 拥 掌 振 挣 执 撞

六级：挨（āi） 挨（ái） 拨 捕 撤 撑 搭 抵 奉 拐 揭
捐 看（kān） 扣 扭 扑 探 掏 拖 挖 扎 援 捉

练习 选字组词

投 报 技 抓 抄

（ ）紧 （ ）术 （ ）告 （ ）资 （ ）写

招 括 抬 损 捐

（ ）号 （ ）头 （ ）失 （ ）助 （ ）聘

指　担　提　把　抱

（　　）供　（　　）握　（　　）挥　（　　）怨　（　　）任

【手部常用汉字的词族】

手

一级：手　手机　洗手间

二级：手表　举手

三级：对手　歌手　手续　手指　握手　选手

四级：二手　分手　手里　手工　手术　手套　随手

五级：动手　手段　手法　双手　招手　助手

六级：高手　联手　两手　手续费　凶手

常用义项

①人体上肢前端能拿东西的部分 hand：手指。

②擅长某种技能的人或做某种事的人 a person doing or good at a certain job：歌手。

提

二级：提　提出　提到　提高

三级：提前　提问

四级：提供　提醒

五级：前提　提倡　提起　提示

六级：提交　提升

常用义项

①使上升 to lift：提高。

②把预定的期限往前挪 to advance：提前。

③说起；举出；指出 to indicate：提出。

指

三级：指　手指　指导　指出

四级：指挥

五级：指标　指示　指甲　指责

六级：指定　指数　指头　指着

常用义项

①手指 finger：指甲。

②指点或教别人做事 to instruct：指挥。

练习 1 写出包含下列汉字的词语

接_____

报_____

持_____

练习 2 选词填空

手段　手机　洗手间　亲手　手续
随手　手术　对手　助手　歌手

1.在做（　　　　）前，还有一系列的（　　　　），比如化验、交费、签字等。

2.在公共（　　　　）洗手时，不要（　　　　）把（　　　　）放在洗手池旁边，以免丢失。

3.真没想到，我们的（　　　　）会用这样的非法（　　　　）跟我们竞争。

4.这位著名（　　　　）（　　　　）给支持她的粉丝回信，而不是让（　　　　）代替她给粉丝回信。

练习 3 选词填空

提出　提交　提到　提高　提醒　提前　前提　提供　提倡

1.尽管她还不到50岁，但她想（　　　　）退休，于是她向公司（　　　　）了的退休申请书。但公司没有同意，因为她的情况不符合退休的（　　　　）条件。

2.在（　　　　）旅行的注意事项时，导游（　　　　）我们要（　　　　）警惕，提防小偷。

3. 全社会都在（　　　　　　）保护环境，所以当地政府向企业（　　　　　）了节约能源的要求，并组织专家为他们（　　　　　）技术支持。

足 部

甲骨文　　　篆书　　　隶书　　　楷书　　　行书

【足部所统领的字族】

一级：跑　跟　路
三级：跳　足
四级：促　距
六级：踩　跌　蹈　蹲　跪　践　跨　踏　踢　跃　捉

练习① 选择填空

观察包含足部的汉字，"足"在以上这组汉字中主要充当_____（A.义符 B.音符），其中（　　　　　　　　）等汉字表示与腿或脚有关的动作；（　　　　　　　　）等汉字可以用作名词。

练习② 选字组词

促　路　跳　距　跟

（　）舞　（　）随　（　）离　（　）进　（　）线

足　跑　路　蹈　距

差（　）　满（　）　逃（　）　舞（　）　铁（　）

【足部常用汉字的词族】

足

三级：满足　足够　足球
五级：不足　充足　十足
六级：足　足以

常用义项
①脚或腿 foot or leg：足球。
②达到了某种程度或标准
　enough：足够。

路

一级：路　路口　路上　马路
　　　走路
二级：道路　公路　路边　问路
　　　一路平安　一路顺风
三级：高速公路　路线　铁路
五级：一路
六级：出路　路过　线路　一路上

常用义项
①道路 road：公路。
②路程 journey：一路平安。
③途径 way：出路。

跑

一级：跑
三级：跑步
五级：逃跑
六级：奔跑　长跑

常用义项
①双脚或四腿快速前行 to
　run：跑步。
②逃离 to escape：逃跑。

练习 1 填写量词

一（　　　）足球　　两（　　　）手表　　三（　　　）公路
四（　　　）手套　　五（　　　）手指　　六（　　　）路口

练习 2 填写恰当的名词，组成短语

足够的（　　　）　　充足的（　　　）　　十足的（　　　）
（　　　）不足　　　（　　　）充足　　　（　　　）十足

交 部

【字族】

一级：校

二级：交　饺

三级：较　效

五级：郊　胶　咬

练习1 选择填空

以上这组汉字都含有部件＿＿＿＿＿＿（A.文 B.交），这个部件在整字中主要充当＿＿＿＿＿＿（A.音符 B.义符）。

练习2 选字组词

效　校　交　较　胶

无（　　）　学（　　）　比（　　）　外（　　）　（　　）水

效　校　交　饺　郊

（　　）园　（　　）果　（　　）区　（　　）子　（　　）换

【字族】

一级：请

二级：晴 静 青 清 情 晴

三级：精

五级：猜

练习① 选择填空

以上这组汉字都含有部件＿＿＿＿＿＿（A.月 B.青），这个部件在整字中主要充当＿＿＿＿＿＿（A.音符 B.义符），该部件通常在整字的＿＿＿＿＿＿＿（A.左部 B.中部 C.右部）

练习② 选字组词

青 请 清 精 猜

（　）彩　　（　）测　　（　）教　　（　）年　　（　）楚

请 静 晴 睛 情

申（　）　　同（　）　　安（　）　　眼（　）　　（　）朗

"手"字的字义分析图。

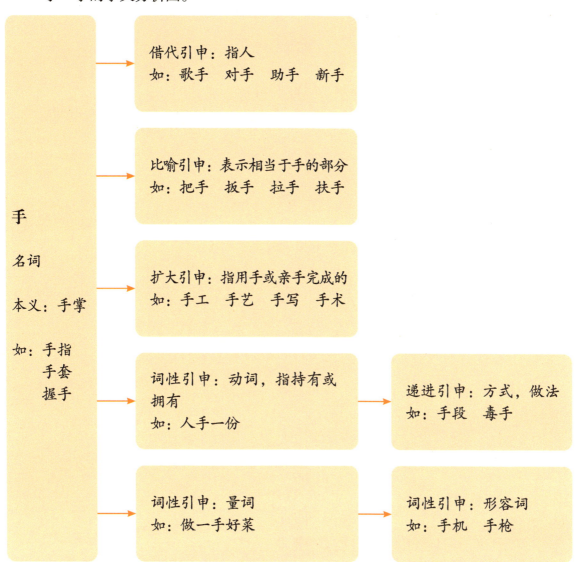

手

名词

本义：手掌

如：手指
手套
握手

借代引申：指人
如：歌手　对手　助手　新手

比喻引申：表示相当于手的部分
如：把手　扳手　拉手　扶手

扩大引申：指用手或亲手完成的
如：手工　手艺　手写　手术

词性引申：动词，指持有或拥有
如：人手一份

递进引申：方式，做法
如：手段　毒手

词性引申：量词
如：做一手好菜

词性引申：形容词
如：手机　手枪

練習 仿照上图，做"足"字的字义分析图

汉字中的"手"

除了有手（扌）部以外，还有一些其他表示手的部件。

"爪"是象形字，像手指向下抓着或提着东西的样子。"爬"是形声字，其中的爪部代表手，表示手脚并用向前移动，比如爬行、爬树、爬山等。"抓"字中的爪表音兼表义，也指手。"爪"还可以变形为"爫"，比如会意字"采"，表示手从树上摘取的动作。"妥、受、觅"等汉字的"爫"部都表示手。"爫"也是爪的一种变形形式，如"刍、争、奂"都是会意字，本义都表示与手有关的动作。

"又"在甲骨文中也是象形字，表示手的形象，本指右手。"又"也有多种变形形式，如"ナ、夂、殳、寸"等。例如："受"字上下两个部件都表示手，中间的部件表示盛物的器具，这个字的意思就是一个人手持一个东西放到另一个人的手里，于是发展出了授予和接受的意思；"友"字的两个部件都表示手，两只手朝着相同的方向，表示朋友、友好的意思；"有"字的"月"实际上是古代的"肉"字，可以把"有"字理解为手中提着肉，表示持有、拥有的意思；"夂"表示手中拿着木棍的形象，如"牧"表示手持木棒赶牛，"教"表示手持木棒教导孩子，同类汉字还包括"数（shǔ）、救、收、攻、改"等；"殳"表示手中拿着锤子、斧头等工具或武器，如"投、役、殴、段、毁"等；"寸"的古字由"一"和"又"组成，是指事字，表示手的"寸口"位置，如"守、射、夺、寻、肘、尊"等均与手有关。

还有表示双手的常见部件，如"廾、共"等，像"戒、弄、开、弃、拱、供"等都与双手的动作有关。

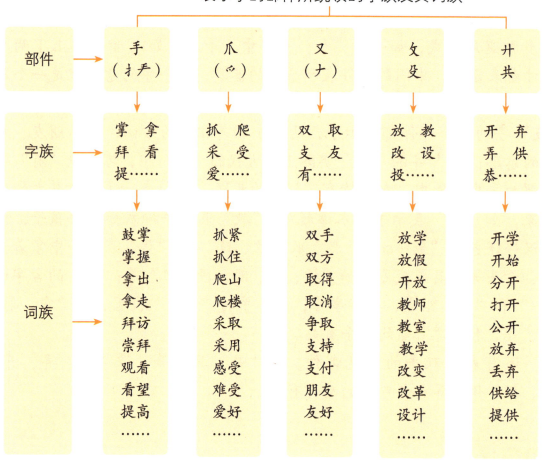

表示手的部件所统领的字族及其词族

部件 →	手 (扌手)	爪 (爫)	又 (ナ)	攵攴	廾共
字族 →	掌　拿 拜　看 提……	抓　爬 采　受 爱……	双　取 支　友 有……	放　教 改　设 投……	开　弃 弄　供 恭……
词族 →	鼓掌 掌握 拿出 拿走 拜访 崇拜 观看 看望 提高 ……	抓紧 抓住 爬山 爬楼 采取 采用 感受 难受 爱好 ……	双手 双方 取得 取消 争取 支持 支付 朋友 友好 ……	放学 放假 开放 教师 教室 教学 改变 改革 设计 ……	开学 开始 分开 打开 公开 放弃 丢弃 供给 提供 ……

练习 在思维导图和阅读材料的基础上，总结更多与手有关的汉字及其词族。

第三课　心耳方少

🔶 教学目标

1. 理解汉字知识：汉字笔画组合方式
2. 了解汉字文化常识：汉字的演变历程
3. 通过学习"心、耳"等部件所统领的字族及其词族，认识汉语字词规律

🔶 汉字知识　汉字笔画组合方式

除了像"一、乙"等汉字以外，绝大多数汉字都是由两个以上的笔画组成的，了解笔画的组合方式，有助于同学们更准确地掌握汉字。像"干、于、千""夭、无、天"这两组字的组合方式是相同的，但笔画有所不同；还有一些字的笔画相同，但组合方式不同，比如"八、人、入""田、由、甲、申、叶、旧"等；也有很多形近字的笔画和组合方式都有差别。

可以从两方面来考察汉字笔画组合方式。

首先是笔画组合的关系，有以下三种：

1. 相离：八、儿、二、川、心
2. 相接：人、几、丁、正、而
3. 相交：又、九、十、丰、车

其次还要注意笔画组合的位置，最常见的情况有两种：

1. 长短横的位置："本、未、末""土、士、干、工、上"
2. 点的位置："主、玉、王""太、犬""庆、厌""压、庄"

多数汉字是综合运用以上笔画组合方式构成的。同学们要注意观察汉字笔画组合的关键点。"上、土"的区别在于笔画组合关系是相接和相交的不同，"上、工"的区别在于笔画组合的位置不同。大家在学习以下这几组字的时候就要注意总结关键点。

八：分 贫 忿 吩 芬 公 松 讼 翁
人：今 贪 念 吟 会 令 企 论 仑
土：尘 坐 在 去 法 坚 圣 至 堂
士：声 壳 壮 志 喜 款 吉 仕 任

 **练习** 选字组词

_____较（此 北 比 化）　　　_____经（己 已 巳 巴）

因_____（此 北 比 化）　　　自_____（己 已 巳 巴）

_____司（令 分 今 公）　　　_____习（练 陈 阵 炼）

部_____（令 分 今 公）　　　锻_____（练 陈 阵 炼）

汉字部件、字族和词族

心 部

甲骨文　　篆书　　隶书　　楷书　　行书

【解说】

"心"是象形字，甲骨文字形就像心脏的形状。中国古人认为心是思维器官。作为部件，心部一般充当义符，有时变形为"忄"，在整字左部时被写作"忄"，俗称"竖心旁"。含有心（忄、忄）部的汉字常表示与心理有关的状态或动作，如："想、惑、情、惊、恭、慕"等。

心 is a pictographic character, and its oracle bone inscription resembles the shape of a heart. The ancient Chinese believed that the heart was the organ responsible for thinking. As a radical, 心 generally acts as a signifier, and is sometimes transformed into 小 . When in the left part of the whole character, it will be written as 忄, commonly known as 竖心旁 . Chinese characters containing 心（忄, 小）often indicate psychological states or actions, such as 想，惑，情，惊，恭，慕 .

【心部所统领的字族】

一级：您　息　想　怎　忘　忙　快　慢

二级：必　感　忽　急　思　态　心　意　愿　怕　惯　懂　情

三级：恐　念　志　总　性　怪

四级：恶　虑　怀　惊

五级：悲　愁　惠　恋　忍　慰　悉　怨　忆　怜　恢　慌　恨
　　　惜　悄　悔

六级：恩　患　慧　怒　悬　忠　忧　恰　愉　懒　憾　悟　愤
　　　惨

练习 选字组词

思　急　总　息　忽

（　）然　　（　）结　　（　）忙　　（　）想　　休（　）

意　态　念　恋　恶

（　）义　　（　）爱　　（　）度　　（　）心　　怀（　）

惯　惜　情　惊　怕

感（　）　　习（　）　　害（　）　　珍（　）　　吃（　）

恢　慌　快　怀　性

（　）忙　　（　）复　　（　）疑　　（　）格　　（　）乐

【心部常用汉字的词族】

二级：放心　关心　开心　小心　心里
心情　心中　信心　中心

三级：心　爱心　决心　内心　伤心

四级：粗心　担心　恶心　热心　心理
专心

五级：耐心　心态　心疼　虚心

六级：背心　核心　心灵　心愿　心脏
心脏病　用心　忠心

常用义项
①人体器官之一，也叫心脏
heart：心脏。
②指思想的器官和思想、感
情 mind; feeling：心情。
③居中的部分 center：中心。

二级：感到　感动　感觉　感谢

三级：感冒　感受　感情　情感

四级：感兴趣

五级：敏感　感想

六级：感人　流感

常用义项
①觉得 to sense：感到。
②在意识或情绪上起反应 to
react：感动，情感。

二级：不好意思　故意　满意　意见　意思
有意思　愿意

三级：生意　同意　意外　意义　注意
主意

四级：得意

五级：随意　意识　意味着　意志

六级：创意　民意　特意　意想不到　意愿

常用义项
①含义 meaning：意思。
②心中的想法 intention：愿意。
③意料；料想 to expect：
意外。

练习1 写出包含下列汉字的词语

想_____

愿_____

情_____

快_____

　　放心　决心　身心　粗心　信心　担心　关心
　　专心　开心　内心　耐心　热心　心态　心愿

　　1.上课的时候要（　　　　　）听讲，有问题就（　　　　　）向老师请教，不必（　　　　　）他会不耐烦，老师一定会（　　　　　）地给你讲解。

　　2.这些题并不难，主要是因为（　　　　　）导致的错误，老师相信只要你下（　　　　　）学好，就一定能学好，要对自己有（　　　　　）。

　　3.爸爸妈妈最大的（　　　　　）就是孩子能健康（　　　　　）地生活，只要孩子（　　　　　）都很健康，父母就（　　　　　）了。

　　4.老师是个（　　　　　）人，不仅善于指导我们学习，还（　　　　　）学生的（　　　　　）感受，经常鼓励我们要以积极的（　　　　　）面对挑战。

　　感人　感染　感动　感冒　感情　预感
　　流感　感受　感到　敏感　反感　同感

　　1.最近这个地区发生了（　　　　　）疫情，很多人（　　　　　）了病毒，出现了咳嗽、发烧等（　　　　　）的症状。

　　2.她认为那部小说非常（　　　　　），令她深受（　　　　　）。我也有（　　　　　），这的确是一篇（　　　　　）真挚的好作品，我（　　　　　）到这部小说发表以后会非常受欢迎。

　　3.虽然她没说，但我能（　　　　　）到她对那些在公共场所吸烟的人十分（　　　　　）。后来她告诉我，她的鼻子很（　　　　　），一闻到烟味就（　　　　　）不舒服。

满意的（　　　　）　　有意思的（　　　　）　　意外的（　　　　）

（　　　　）的意思　　（　　　　）的意愿　　（　　　　）的意义

耳 部

甲骨文　　　篆书　　　隶书　　　楷书　　　行书

【耳部所统领的字族】

一级：最

二级：取　闻

三级：联　职

四级：耳　聊

五级：聪

六级：聘

练习 选字组词

耳　职　取　联　聪

（　　）业　（　　）得　（　　）明　（　　）合　（　　）机

职　取　闻　最　聊

新（　　）　无（　　）　争（　　）　辞（　　）　（　　）近

【耳部常用汉字的词族】

耳
四级：耳机
五级：耳朵

常用义项
耳朵 ear：耳机。

职
三级：职工　职业
五级：辞职　职能　职位　职务
六级：求职　职责

常用义项
①职位 job：辞职。
②职务；责任 position; responsibility：职务。

取
二级：取　取得
三级：采取　取消　争取
四级：获取　录取
六级：夺取　领取　取款　取款机　收取
　　　听取

常用义项
①（去某处）拿 to take：领取。
②得到 to get：取得。
③采用 to adopt：采取。

练习 1 选词填空

职务　职工　职位　职责　全职　在职　求职　兼职　任职　辞职

1. 这所学校有 300 名（　　　　），包括 240 名（　　　　）员工和 60 名退休人员，但不包括（　　　　）教师和临时工。

2. 结婚以前，她的（　　　　）是总经理，但结婚以后她就（　　　　）了，现在是（　　　　）妈妈，在家照顾两个孩子。

3. 他妈妈是公务员，已经在政府（　　　　）二十多年了。他刚大学毕业，正在（　　　　），其实他也想在政府部门找合适的（　　　　），他责任心很强，一定会认真履行岗位（　　　　）。

练习 2 填写量词

一（　　）耳机　　两（　　）耳朵　　三（　　）职工
四（　　）职位　　五（　　）职业　　六（　　）取款机

取得（　　　　）　　取消（　　　　）　　采取（　　　　）

争取（　　　　）　　获取（　　　　）　　录取（　　　　）

自主学习部分

方　部

【字族】

一级：方　房　放　旁

二级：旅　游

三级：防　访　族

四级：施

五级：仿

六级：旗　旋

练习1 选择填空

以上这组汉字都含有部件_____（A.方　B.万），这个部件在整字中主要充当_____（A.音符　B.义符）。

练习2 选字组词

方　防　放　房　访

地（　）　厨（　）　预（　）　采（　）　播（　）

方　防　放　房　访

（　）屋　（　）问　（　）松　（　）止　（　）案

旋　旅　施　旁　仿

（　）馆　（　）转　（　）佛　（　）边　实（　）

练习 3 写出包含下列汉字的词语

方_____

放_____

防_____

游_____

少 部

【字族】

一级：少（shǎo）

二级：少（shào） 省

三级：吵 沙

四级：抄

六级：炒 妙

练习 1 选择填空

以上这组汉字都含有部件_____（A.小 B.少），这个部件在整字中主要充当_____（A.音符 B.义符）。

练习 2 选字组词

少 省 吵 炒 抄

（　）架　　（　）钱　　（　）股　　（　）写　　（　）数

少 省 吵 妙 沙

争（　）　　节（　）　　减（　）　　奇（　）　　（　）漠

少 _____

字义源流

在字义分析图中填写适当的例词或例句。

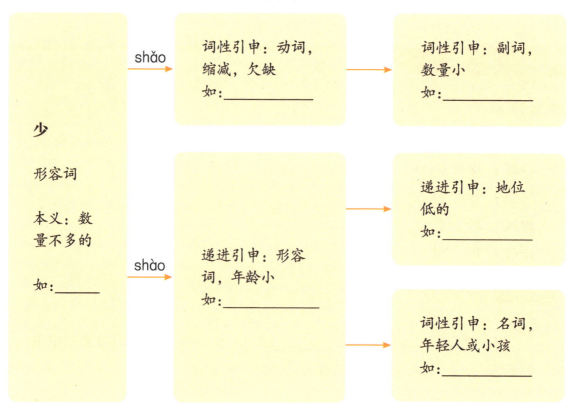

汉字文化阅读材料

汉字的演变历程

　　文字的出现是人类社会发展进入新的文明阶段的标志。世界上的古老文明都有自己的文字，比如古埃及的圣书字、古代两河流域的楔形文字和中国的汉字等。其中，只有汉字经历了几千年一直传承到现在。当然，汉字也经历了发展演变的过程。

一般认为，最早的成熟汉语言记录符号是"甲骨文"。甲骨文又被称为"龟甲兽骨文"，因为考古发现的甲骨文通常是被刻在乌龟壳或野兽的骨头上的。这种文字早在三千多年前的商代（Shang Dynasty, 1600-1046 B.C.）就出现了，后来依次演化出了金文、篆（zhuàn）书、隶书和楷书，其发展情况如下表所示：

文字	时代	字例	特点	意义
甲骨文	商代公元前14世纪		主要由直线、斜线和少量曲线组成，字形就像抽象的图画	最早的成熟的汉语言记录符号体系
金文	周代公元前11世纪		金文的字形比甲骨文更规范，带有曲线的笔画有所增多	承担起了记录国家大事的使命
篆书	秦代公元前2世纪		线条化和方块化特征十分明显，图画特征明显削弱	成了重要的交流工具和文化载体
隶书	秦汉公元前2世纪		结构更加简化，笔画更加简洁，字形更加规范	实现了汉字的符号化
楷书	魏晋公元3世纪	心	字形方正，笔画平直，书写方便，一直沿用至今	得到广泛使用和传播

练习 思考题

1. 汉字的演变有什么规律？
2. 汉字的演变可能会受到哪些因素的影响？

思维导图

练习 在思维导图中填写相应的汉字部件、字族和词族

与人体器官有关的部件所统领的字族及其词族

部件 →

字族 →

脑背脚脸腿胖肚骨胸肤肌胃……

词族 →

第二单元
社会生活与汉字

第四课　人女子元

教学目标

1. 理解汉字知识：汉字的常用偏旁部首和部件
2. 了解汉字文化常识：从女部汉字看中国古代女性地位
3. 通过学习"人、女"等部件所统领的字族及其词族，认识汉语字词规律

汉字知识 汉字的常用偏旁部首和部件

偏旁部首	名称	例字	偏旁部首	名称	例字
刂	立刀	到　利	氵	三点水	江　河
亻	单人旁	作　们	忄	竖心旁	快　情
八	八字头	公　分	宀	宝盖	它　家
人	人字头	会　金	辶	走之	远　边
⺈	斜刀头	色　兔	女	女字旁	好　妹
勹	包字头	包　句	纟	绞丝旁	红　绿
亠	京字头	亮　高	王	王字旁	玩　班
冖	秃宝盖	写　冠	木	木字旁	树　桃
讠	言字旁	说　课	日	日字旁	明　晚
扌	提手旁	把　挂	攵	反文旁	放　数
艹	草字头	花　药	月	月字旁	朋　腿

偏旁部首	名称	例字	偏旁部首	名称	例字
口	口字旁	叶 吗	灬	四点底	点 黑
囗	国字框	国 围	目	目字旁	睡 眼
彳	双人旁	得 很	禾	禾木旁	和 秋
彡	三撇	彩 影	鸟	鸟字边	鸭 鸡
犭	反犬旁	猫 狗	穴	穴宝盖	空 穿
夂	折文	夏 冬	虫	虫字旁	蚊 蛇
门	门字框	闪 问	𥫗	竹字头	笔 笑

　　上表中所列的是常见偏旁部首，掌握这些偏旁部首有利于查汉字、记汉字和辨析汉字。部首是为汉语字典同一偏旁的汉字所立的类目，偏旁则是指对合体字进行切分后得到的某个部分。

　　在现代汉语中，人们把汉字中大于笔画、小于整字的结构单位叫部件。笔画不是部件，部分整字可以充当部件。部首和偏旁都属于部件。部件可以分为整字部件（如：口）和非整字部件（如：扌），还可以分为基本部件（如：日）和复合部件（如：早）。部件有三个重要的功用：1.充当义符（如：口、目、心、手）；2.充当音符（如：古、占、青、交）；3.充当符号，如部件"又"在这些汉字中均充当符号——欢、劝、权、观、对、邓。

　　现代汉语教育专家用"部件+部"给部件定名，用"部件+部+位置"给部件定称。

　　例如：另、召、叨、加、问、困

　　这些字都含有"口部"，在上述汉字中分别是口部头、口部底、口部旁、口部边、口部心、口部框。

　　掌握了部件的名称，就可以口述一个字的组成部分了，如：

　　站：立部旁和占部边　　　闻：门部框和耳部心

　　会：人部头和云部底　　　聪：耳部旁和总部边

练习 写出下列汉字所包含的部件名称：

你：人部旁和尔部边　　　　转：车部旁和专部边

全：　　　　　　　　　　　阵：

囚：　　　　　　　　　　　辈：

认：　　　　　　　　　　　轰：

汉字部件、字族和词族

人 部

甲骨文　　　篆书　　　隶书　　　楷书　　　行书

【解说】

"人"是象形字，像人侧身站立的形态。作为部件，人部也被写作"亻"，主要充当义符。含人（亻）部的汉字常与人的身体（如：体、健、命）、行为（如：供、佑、侍）、身份（如：儒、僧、优）、品德（如：仁、信、俭）、外貌（如：仪、俏、俊）或称代（如：你、他、们）等有关。

人 is a pictograph, like a person standing on their side. As a radical, 人 is also written as 亻, mainly as a signifier. The Chinese characters containing 人（亻）are usually related to the person's body (for example, 体，健，命), behavior (for example, 供，佑，侍), status (for example, 儒，僧，优), moral character (for example, 仁，信，俭), appearance (for example, 仪，俏，俊), or pronouns (for example, 你，他，们).

【人部所统领的字族】

一级：从　个　候　会（kuì）假（jià）介　今　们　你　人　什
　　　他　体　休　住　作　坐　做

二级：便（biàn）便（pián）但 倒（dǎo）倒（dào）低 队
　　　份 合 假（jiǎ）健 件 借 全 使 停 信 以 亿
三级：保 传 代 付 化 价 金 仅 命 任 仍 伤
　　　似（sì）伟 修 优 值 众
四级：伴 倍 供 伙 俩 会（kuài）企 伞 似（shì）俗
　　　依 余
五级：偿 倡 仿 傅 令 欠 傻 舍（shě）舍（shè）伸
　　　宿 偷
六级：傲 傍 仓 侧 储 佛（fó）佛（fú）佳 偏 侵 倾
　　　伍 仰 仪 债

人　认　任　休　体
（　）才　（　）何　（　）验　（　）假　（　）识
人　认　任　休　体
退（　）　私（　）　整（　）　责（　）　承（　）
金　介　全　今　企
（　）绍　（　）牌　（　）业　（　）后　（　）体
金　全　今　令　舍
安（　）　奖（　）　至（　）　宿（　）　命（　）

【人部常用汉字的词族】

人　一级：人 别人 病人 工人 家人 老人 男人 女人
　　二级：爱人 大人 好人 坏人 客人 人口 人们 人数 商人 行人
　　　　　有人 主人
　　三级：动人 个人 华人 亲人 人才 人工 人类 人民 人民币
　　　　　人群 人生 人员 熟人

四级：成人　夫人　敌人　名人　穷人
　　　诗人　人家
五级：本人　负责人　机器人　军人　迷人
　　　人间　人力　人士　人物　私人
六级：残疾人　恩人　发言人　富人　感人
　　　惊人　盲人　人权　新人　艺人
　　　游人　主持人

常用义项
①指能制造工具并使用工具进行劳动的高级动物 human：人口。
②某种身份或职业的人 person of a certain identity or occupation：商人。
③别人 other people：他人。

传

三级：传　传播　传来　传说　宣传
四级：传统　流传　遗传
五级：传达　传递　传真
六级：传出　传媒　传输　传言

常用义项
①由一方交给另一方 to pass：传递。
②广泛散布 to spread：传播。

体

一级：身体
二级：全体　体育　体育场　体育馆
三级：集体　具体　媒体　体会　体现
　　　体验　团体　整体
四级：个体　体操　体检　体重
五级：气体　群体　体积　体力　主体　总体
六级：多媒体

常用义项
①身体 body：体重。
②物体及其状态 substance or state of a substance：气体，整体。
③亲身经验 to experience：体验。

练习 1 写出包含下列汉字的词语

化_____

从_____

假_____

作_____

诗人　家人　迷人　客人　夫人
私人　行人　名人　商人　主人

这座花园又大又美，路过的（　　　　）常常被花园中（　　　　）的花朵吸引而停下脚步。但这是一座（　　　　）花园，那位先生就是花园的（　　　　），那位女士是他的（　　　　）。今天，他们夫妇俩邀请了一些（　　　　）来花园聚会，他们中有刚刚出版诗集的年轻（　　　　），有做茶叶生意的（　　　　），有经常在电视节目中出现的（　　　　），还有我和我的（　　　　）。

练习**3** 填写恰当的形容词，组成短语

（　　　　）的男人　　（　　　　）的老人　　（　　　　）的商人
（　　　　）的病人　　（　　　　）的工人　　（　　　　）的行人
（　　　　）的传说　　（　　　　）的传统　　（　　　　）的传言
（　　　　）的集体　　（　　　　）的团体　　（　　　　）的媒体

练习**4** 填写恰当的名词，组成短语

动人的（　　　　）　　感人的（　　　　）　　迷人的（　　　　）
成人的（　　　　）　　私人的（　　　　）　　别人的（　　　　）
传播（　　　　）　　　宣传（　　　　）　　　传递（　　　　）
全体（　　　　）　　　个体（　　　　）　　　集体（　　　　）

甲骨文　　篆书　　隶书　　楷书　　行书

【女部所统领的字族】

一级：好（hǎo）好（hào）姐 妈 妹 奶 女 她 要（yào）

二级：安 如 姓 要（yāo）

三级：婚 娘 始

四级：妇 婆 妻 姨

五级：委

六级：妙 娃 嫌 娱

练习 1 选词填空

"女"在以上这组汉字中主要充当_____（A.义符 B.音符），其中_____等汉字表示称谓；_____等汉字表示婚姻关系。

练习 2 选字组词

好 奶 如 始 婚

（　）果　　（　）茶　　（　）奇　　（　）礼　　（　）终

好 奶 如 始 婚

结（　）　　爱（　）　　假（　）　　酸（　）　　开（　）

妻 要 委 安 娘

姑（　）　　夫（　）　　评（　）　　治（　）　　需（　）

妻 要 安 委 婆

老（　）　　（　）求　　（　）置　　（　）子　　（　）托

【 女部常用汉字的词族 】

女
一级：女　女儿　女孩儿　女朋友　女人　女生
三级：女子　子女
四级：美女　男女　女士　孙女
五级：儿女　女性
六级：父女　妇女　母女

如
二级：比如　比如说　不如　例如　如果
三级：如何
四级：假如　如今
五级：如此　如同　如下　正如
六级：如　如一

好
一级：好（hǎo）　爱好（hào）　好吃　好看
　　　好听　好玩儿　最好
二级：不好意思　好多　好处　好久　好人
　　　好事　好像　挺好　友好　正好
三级：好好　好（hào）奇　美好　只好
四级：好友　良好　好（hào）
五级：搞好　好运　也好
六级：刚好　好（不）容易　好似　好转
　　　好（hào）学　看好　恰好　要好

·练习 1 写出包含下列汉字的词语·

安＿＿＿＿＿＿＿＿＿＿＿＿＿＿＿＿＿＿＿＿＿＿

要＿＿＿＿＿＿＿＿＿＿＿＿＿＿＿＿＿＿＿＿＿＿

练习② 选词填空

妇女　女性　孙女　女儿　女生

子女　男女　父女　母女　女孩儿

1.这个可爱的（　　　　）是我妹妹。她很出色，在学校是优秀的（　　　　），回到家是妈妈的好（　　　　），是奶奶的好（　　　　）。

2.在家庭关系中，爸爸和妈妈是夫妻关系，妈妈和女儿是（　　　　）关系，爸爸和女儿是（　　　　）关系。

3.每年的3月8日是（　　　　）节，（　　　　）的贡献不仅仅是照顾家人和养育（　　　　），她们更是社会发展的重要力量，为了维护她们的社会地位，"（　　　　）平等"已经写进了《中华人民共和国宪法》。

练习③ 填写恰当的名词，组成短语

好吃的（　　　　）　　好看的（　　　　）　　好玩儿的（　　　　）

好听的（　　　　）　　友好的（　　　　）　　好奇的（　　　　）

练习④ 填写恰当的动词，组成短语

友好地（　　　　）　　好奇地（　　　　）　　不好意思地（　　　　）

（　　　　）爱好　　（　　　　）好处　　（　　　　）好运

自主学习部分

子　部

【字族】

一级：孩　好（hǎo）　好（hào）　学　子　字

三级：存　李

四级：季　孙

五级：享　仔（zǎi）　仔（zǐ）

六级：孤

练习① 选择填空

　　在以上这组汉字中，都含有部件＿＿＿＿＿＿＿（A.了　B.子），这个部件在整字中主要充当＿＿＿＿＿＿＿（A.音符　B.义符）。

练习② 选字组词

仔　子　字　享　存

（　　）受　　（　　）细　　（　　）弹　　（　　）在　　（　　）母

字　李　季　享　学

科（　　）　　秋（　　）　　行（　　）　　签（　　）　　分（　　）

练习③ 写出包含下列汉字的词语

子＿＿＿＿＿＿＿＿＿＿＿＿＿＿＿＿＿＿＿＿＿＿＿＿＿＿＿＿＿＿＿

字＿＿＿＿＿＿＿＿＿＿＿＿＿＿＿＿＿＿＿＿＿＿＿＿＿＿＿＿＿＿＿

学＿＿＿＿＿＿＿＿＿＿＿＿＿＿＿＿＿＿＿＿＿＿＿＿＿＿＿＿＿＿＿

元　部

【字族】

　　一级：玩　元　远　完

　　二级：园

五级：冠

六级：顽

练习① 选择填空

以上这组汉字都含有部件_____（A.二 B.儿 C.元），这个部件在整字中主要充当_____（A.音符 B.义符）。

练习② 选字组词

元 远 园 玩 冠

（　　）旦　（　　）具　（　　）林　（　　）程　（　　）军

元 远 园 完 玩

游（　　）　单（　　）　校（　　）　永（　　）　（　　）成

练习③ 写出包含下列汉字的词语

元_____

远_____

园_____

在字义分析图中补充适当的例词或例句。

好

形容词

本义：
女子貌美

扩大引申：表示美的、善的，与"坏"相对
比如：好事　好人

递进引申：表示（关系）友爱
比如：友好　和好

递进引申：表示令人满意的
比如：好吃　好看

递进引申：表示容易做到的
比如：这项任务好做

递进引申：表示完成或已完善
比如：准备好了

词性引申：动词，表示喜欢、热爱或常常做
比如：好学　爱好

词性引申：副词，表示程度高，很
比如：我要做好多作业，好累啊！

汉字文化阅读材料

从女部汉字看中国古代女性地位

"女"是象形字，甲骨文是女性跪着的形象。有人依此推断，女性的社会地位自古就很低。其实，跪坐在古代是一种常见的坐姿。在原始社会早期，女性在氏族中占主导地位。有一些古老的姓氏，像"姜、姬、姚"等，都包含女部。

很多含有女部的汉字体现了男女在生产生活中的分工不同，以及在家庭生活中的角色不同，并不能说明其地位高低。比如："嫁、娶、妻、妾、婚、姻、婆、媳、孀、婿"等与婚姻有关；"妈、奶、姐、妹、姥、姑、姨、嫂、娘"等与家庭称谓有关；"好、婷、婧、姿、妙、妆、婉、娴、娜、媚、娓、安、妥、委、如"等与女性的容貌和性格特点有关。

当然，某些汉字反映出了中国古代社会女性独立地位的缺失，比如"奴、婢"等指的是被掠或被买的女性。还有一些含有贬损意思的字包含女部，如"嫉、妒、嫌、奸、妨、娄"等。这些汉字显然有对女性的偏见和不尊重，反映出了当时的社会观念。

练习 思考题

想一想，还有哪些汉字可以反映出中国古人的思想观念？

 思维导图

人部字族及其词族的思维导图

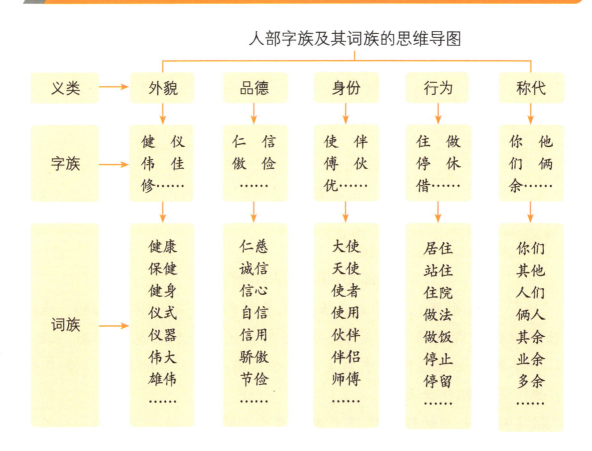

第五课　言贝生亡

教学目标

1. 理解汉字知识：汉字的结构
2. 了解汉字文化常识：前缀和后缀
3. 通过学习"言、贝"等部件所统领的字族及其词族，认识汉语字词规律

汉字知识　汉字的结构

汉字可分为独体字和合体字。独体字只包含一个部件，如"口、目、心、人"等。合体字包含多个部件。根据部件与部件的方位关系，合体字的结构主要有 12 种。

结构类型		图示	字例
独体字	单一结构	□	口　目　人　心　耳　门
合体字	左右结构	▯▯	从　你　吧　加　叨　林
	上下结构	▭	全　企　否　另　召　吕
	左中右结构	▯▯▯	辩　做　树　脚　谢　粥
	上中下结构	▤	莫　奚　禀　意　莺　晕
	半包围结构　右上包围结构	▢	句　可　司　式　武　氧
	左上包围结构	▢	庙　病　房　尼　眉　历
	左下包围结构	▢	建　连　毯　尴　超　翅
	上三包围结构	▢	同　问　闪　周　凤　冈
	下三包围结构	▢	凶　函　画　幽
	左三包围结构	▢	区　巨　匝　匣　臣　医
	全包围结构	▢	囚　团　因　困　回　国
	镶嵌结构	▢	坐　爽　夹　噩　巫　夷

056

扌（　　　　　　　　　）　　　手（　　　　　　　　　　　　　　）

讠（　　　　　　　　　）　　　言（　　　　　　　　　　　　　　）

忄（　　　　　　　　　）　　　心（　　　　　　　　　　　　　　）

汉字部件、字族和词族

言 部

言言言言言

甲骨文　　篆书　　隶书　　楷书　　行书

【解说】

"言"是形声字，本义是说话。在简体字中，部件"言"在汉字的左部或中部时被写作"讠"。作为义符部件，含言（讠）部的汉字通常表示说话的动作行为（如：说、谈、读）、交际的态度（如：谦、谨、诚）、语言交流方式（如：译、训、辩）、文学体裁（如：诗、词、话）等。

言 is a pictophonetic Chinese character, and its original meaning is to speak. As a component in simplified Chinese characters, 言 is written as 讠 when it is on the left or middle part of the character. As a signifier, characters with 言（讠）usually indicate the action and behavior of speech (for example, 说，谈，读), the attitude of communication (for example, 谦，谨，诚), the mode of language communication (for example, 译，训，辩), or a literary genre (for example, 诗，词，话).

【言部所统领的字族】

一级：读 话 记 课 请 认 识 试 谁（shéi） 谁（shuí）
　　　说 诉 谢 语

二级：词 该 计 讲 让 讨 论 信 许 言

三级：调（diào）调（tiáo）订 警 评 设 谈 误 训 议 证
四级：辩 诚 诗 谓 译
五级：罚 详 询 谊 诊
六级：诞 谅 谋 诺 谦 讯 誉

练习 选字组词

话 论 计 课 识

认（　　）　说（　　）　讲（　　）　讨（　　）　设（　　）

誉 誓 警 言 信

语（　　）　名（　　）　发（　　）　（　　）任　（　　）察

记 计 试 识 诗

（　　）字　（　　）算　（　　）录　（　　）歌　（　　）验

讯 询 训 译 议

培（　　）　建（　　）　通（　　）　查（　　）　翻（　　）

【言部常用汉字的词族】

言

二级：语言
三级：发言
五级：言语
六级：传言 发言人 留言 自言自语

常用义项
①说的话 speech; words：语言。
②说话 to say; to talk：自言自语。

信

二级：信（名词）短信 相信 信号
　　　信息 信心 信用卡
三级：信（动词）通信 信封 信任
四级：诚信 微信 自信
五级：回信 来信 迷信 信念 信箱
六级：信仰 信用

常用义项
①相信；不怀疑 to believe：相信。
②信用；不欺骗 credibility：诚信。
③函件；书信 letter：信封。
④消息 message：信息。

话

一级：话　打电话　电话　说话

二级：的话　对话　讲话　普通话　笑话
　　　笑话儿

三级：话剧　话题　谈话

四级：神话　童话

五级：一句话

六级：说实话　通话

常用义项
①说出或写出的内容 words：
　说话。
②说，谈 to talk：话题。
③故事 story：童话。

练习① 写出包含下列汉字的词语

说_____

记_____

论_____

练习② 根据下列句子，为"信"字选择恰当的含义

　①相信，不怀疑　②信用，不欺骗　③函件，书信　④消息
　这封信里（　　　）有很多值得注意的信息（　　　　），有的可信
（　　　），有的令人难以置信（　　　　），所以我们得调查一下写信人
（　　　）的信誉（　　　）。

练习③ 选词填空

童话　电话　话题　话剧　谈话
笑话　心里话　说实话　普通话

1.朋友打（　　　）邀请我去看一场（　　　　）。（　　　　），我
很想去看，但是我要照顾孩子，不方便去剧场。不过我的朋友说，孩子也
会感兴趣，因为那个节目是根据（　　　　）改编的。

2.我来自中国南方，（　　　　）讲得不标准，但从来没有人（　　　　）过我的口音，他们听不懂就让我慢慢说。

3.学期末，老师会跟每个学生（　　　　）。不过，不用紧张，老师要谈的（　　　　）是本学期的学习感受，同学们直接说出自己的（　　　　）就可以了。

贝　部

甲骨文　　篆书　　隶书　　楷书　　行书

【贝部所统领的字族】

一级：贵

三级：费　负　赢　资　赛　员　责

四级：败　贝　财　购　货　赏　贴　赞　则　质

五级：贷　贺　贸　赔　赠

六级：贡　贯　贫　账　赚

练习1 选词填空

"贝"在以上这组汉字中主要充当_____（A.义符 B.音符），其中（　　　　　　）等汉字表示财富；（　　　　　　　　　　）等汉字表示交易等与金钱有关的活动。

资 赞 责 贸 贫

（　　）赏　　（　　）易　　（　　）任　　（　　）源　　（　　）困

资 赞 责 赏 贺

负（　　）　　投（　　）　　祝（　　）　　称（　　）　　欣（　　）

财 购 赠 赔 账

（　　）产　　（　　）户　　（　　）买　　（　　）偿　　（　　）送

财 购 赠 则 败

收（　　）　　失（　　）　　理（　　）　　捐（　　）　　原（　　）

【贝部常用汉字的词族】

财

四级：财富　财产

六级：理财

常用义项

钱和物资的总称 wealth：财富。

费

三级：费　费用　交费　浪费　消费　收费　学费

四级：免费

五级：经费　消费者

六级：花费　手续费　生活费　小费

常用义项

①需用的钱财 fee：学费。

②用得多；跟"节省"相对 to waste：浪费。

资

三级：工资　资格　资金

四级：投资　资料　资源

五级：资本　资产　资助

六级：外资

常用义项

①钱财 money：资金。

②提供钱财方面的支持 financial aid：资助。

③具备从事某种活动的条件 qualification：资格。

练习① 写出包含下列汉字的词语

购_____

责_____

贵_____

员_____

练习② 选词填空

收费　公费　学费　免费　花费　网费
话费　交通费　住宿费　医药费　水电费

听说上大学会有很多（　　　　），上学要交（　　　　），住在学校的宿舍要交（　　　　）和（　　　　），看病要准备（　　　　），外出要花（　　　　），用手机还要付（　　　　）和（　　　　）。其实，有些大学是不收学费的，比如我们师范大学是（　　　　）医疗，要交住宿费，但水和电都是不（　　　　）的，而且可以（　　　　）使用学校的宽带上网。

练习③ 填写恰当的动词，组成短语

（　　　　）工资　　（　　　　）资料　　（　　　　）资源

（　　　　）财富　　（　　　　）财产　　（　　　　）资产

练习④ 填写恰当的形容词，组成短语

（　　　　）的工资　　（　　　　）的资料　　（　　　　）的资源

（　　　　）的财富　　（　　　　）的财产　　（　　　　）的资产

生 部

【字族】

一级：生　星

二级：姓

三级：胜　性

六级：牲

练习 1 选字组词

生　胜　性　牲　星

明（　　）　发（　　）　牺（　　）　特（　　）　战（　　）

生　胜　性　姓　星

（　　）质　（　　）期　（　　）利　（　　）意　（　　）名

练习 2 写出包含下列汉字的词语

生_____

性_____

星_____

亡 部

【字族】

一级：忙　忘

三级：望　赢

六级：盲　亡

忘　望　忙　赢　亡

失（　　）　死（　　）　慌（　　）　难（　　）　双（　　）

忘　望　盲　赢　忙

（　　）人　（　　）记　（　　）得　（　　）碌　（　　）见

练习 2 写出包含下列汉字的词语

望＿＿＿＿＿＿＿＿＿＿＿＿＿＿＿＿＿＿＿＿＿＿＿＿＿

忙＿＿＿＿＿＿＿＿＿＿＿＿＿＿＿＿＿＿＿＿＿＿＿＿＿

字义源流

在字义分析图中补充适当的例词或例句。

信

形容词

本义：言语真实不虚

如：诚信

→ 词性引申：名词，表示履行诺言，不令人怀疑
如：信誉＿＿＿＿＿

→ 递进引申：证明真实的凭证
如：信用＿＿＿＿＿

→ 词性引申：动词，认为可靠
如：相信＿＿＿＿＿

→ 递进引申：特指信奉
如：信仰＿＿＿＿＿

→ 词性引申：名词，表示传递音讯的载体
如：写信＿＿＿＿＿

→ 扩大引申：消息
如：信息＿＿＿＿＿

前缀（zhuì）和后缀

汉语中有一类派生式合成词，是由词根（stem）和词缀（affix）组合而成的，比如："儿子"中的"儿"是词根，"子"是词缀；"画儿"中的"画"是词根，"儿"是词缀。一般来说，词根能表达确切的意义概念，词缀则意义虚化，仅起到附加作用或语法作用。词缀在词根前就被称为"前缀"（prefix），在词根后就被称为"后缀"（suffix）。词缀的数量不多，但其组词能力和造词能力很强。下表中的词缀选自《国际中文教育中文水平等级标准》。

词缀	类型	词语示例
第	前缀	第一　第二
老	前缀	老王　老张
小	前缀	小王　小张
非	前缀	非金属　非暴力
初	前缀	初一　初三
们	后缀	同学们　朋友们
家	后缀	科学家　音乐家
子	后缀	桌子　鞋子
化	后缀	现代化　美化
性	后缀	积极性　重要性
员	后缀	服务员　收银员
者	后缀	志愿者　作者

词缀	类型	词语示例
品	后缀	工艺品　水产品
界	后缀	文艺界　商界
力	后缀	影响力　吸引力
长	后缀	秘书长　小组长
度	后缀	知名度　名誉度
头	后缀	里头　前头
感	后缀	责任感　幽默感
率	后缀	成功率　通过率
业	后缀	服务业　旅游业

练习 思考题

1. 在上表中填写更多词语示例。
2. 上表中哪些词缀表示人?

练习 在思维导图中填写相应的词族

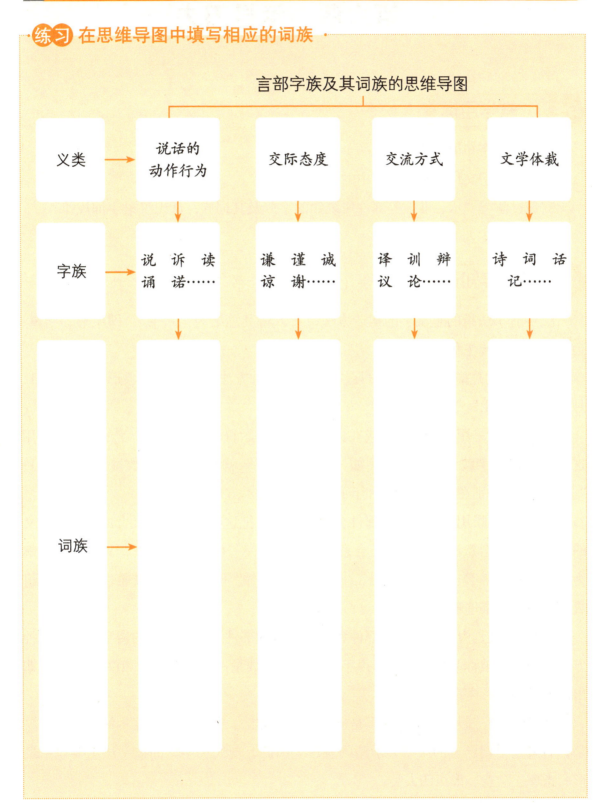

言部字族及其词族的思维导图

义类 →	说话的动作行为	交际态度	交流方式	文学体裁
字族 →	说 诉 读 诵 诺……	谦 谨 诚 谅 谢……	译 训 辩 议 论……	诗 词 话 记……
词族 →				

第六课　示邑刀力

教学目标

1. 理解汉字知识：造字法（一）——六书
2. 了解汉字文化常识：汉字中的"人"
3. 通过学习"示、阝"等部件所统领的字族及其词族，认识汉语字词规律

汉字知识　造字法（一）——六书

汉字造字法指的是汉字的构造方法，古人将其总结为"六书"，即象形、指事、会意、形声、转注和假借。

"象形"就是描画事物形状的造字法。用这种方法造的字就是象形字，像"日、月、马、鸟、山"等都是象形字。

"指事"就是用象征性符号或在象形字上加提示符号来表示某个字的造字法。用这种方法造的字就是指事字。例如"一、二、三"就是用横线的数量来表示数目，"上、下"是分别在横线的上面和下面添加符号指示方位。

"会意"是指用两个或几个部件合成一个字，把这些部件的意义合成新字的意义的造字法。用会意法造的字就是会意字。例如"突"由穴和犬组成，其意可以理解为狗从洞里猛然袭击。还有"明、尘、歪、泪、林"等字，都可以通过分析字的组成部分的意思来理解整字的意思。

"形声"就是由表示字义的部件和表示字音的部件组合成新字的造字法。用这种方法造的字就被称为形声字。形声字最常见，其数量占汉字总量的80%以上，后期出现的汉字以形声字为主。

"转注"和"假借"实际上不是创造汉字的方法，前者是用来互相解释字义的汉字，后者是借用已有的汉字表示新的意思。因此，现代汉字学的造字法主要包括象形、指事、会意、形声四大类。

1.六书包括（　　　　）（　　　　）（　　　　）（　　　　）（　　　　）（　　　　）。其中（　　　　）（　　　　）不是构造汉字的方法，其他四种是造字法。

2.根据造字法知识，"沐"是形声字，"木"是（　　　　），"休"是（　　　　），"本"是（　　　　），"林"是（　　　　），"未"是（　　　　），"机"是（　　　　）。

汉字部件、字族和词族

示　部

甲骨文　　　篆书　　　隶书　　　楷书　　　行书

【解说】

"示"是象形字，像古代祭神的神龛（kān）的形状。作为部件，示部常被写作"礻"，含示（礻）部的字一般与祭祀或鬼神相关。

示 is a pictographic character, resembling the shape of an ancient shrine to the gods. As a component, 示 is often written as 礻, and the characters containing 示 (礻) are generally related to religious rituals, ghosts or gods.

【示部所统领的字族】

一级：票　视

二级：际　礼　示

三级：标　福　社　神　祝

四级：禁（jìn）

六级：禁（jìn） 祥 宗 祖

祝 福 礼 视 神

庆（　） 精（　） 忽（　） 幸（　） 典（　）

祝 福 礼 视 神

（　）利 （　）秘 （　）福 （　）貌 （　）频

示 禁 票 标 际

（　）止 表（　） 目（　） 邮（　） 国（　）

【示部常用汉字的词族】

示
二级：表示
三级：显示
四级：暗示
五级：示范 提示 展示 指示

常用义项
①把事物摆出来使人知道 to show：展示。
②指出；让别人知道 to indicate：暗示。

视
一级：电视 电视机
二级：重视
三级：电视剧 电视台 影视
四级：忽视
五级：视频 视为 注视
六级：近视

常用义项
①看 to look：忽视。
②看待 to regard：视为。

神

三级：精神（jīngshén，名词）
　　　精神（jīngshen，名词，形容词）
四级：神话　神秘
五级：神　神经　神奇　神情

练习❶ 写出包含下列汉字的词语

礼_____

票_____

标_____

练习❷ 选词填空

表示　示范　展示　显示　暗示　示意　出示　指示　请示

　1. 他不仅向我们（　　　　　）了新型手机的外观，还亲自（　　　　　）如何使用手机的新功能。

　2. 那份调查报告（　　　　　），人们的消费水平正在下降，所以公司领导做出（　　　　　），要立即减少高端手机的产量。

　3. 这名官员对我们的情况（　　　　　）同情和理解，但他不能马上决定，需要向上级（　　　　　）之后再答复。

　4. 主人不断看表，好像在（　　　　　）客人该离开了。

　5. 在上飞机前，要（　　　　　）机票和护照，乘务员检查完以后会点头（　　　　　）乘客可以登机了。

练习❸ 填写量词

一（　　）电视机　　两（　　）电视剧　　三（　　）电视台
四（　　）视频　　　五（　　）神话　　　六（　　）票

练习❹ 填写恰当的动词，组成短语

（　　）电视　　（　　）视频　　（　　）神话　　（　　）精神
重视（　　）　　忽视（　　）　　暗示（　　）　　神秘（　　）

阝 部

| 甲骨文 | 篆书 | 隶书 | 楷书 | 行书 |

【解说】

"阜"（fù）是象形字，本义是土山，甲骨文字形就像一层层的山崖或一级级台阶。作为部件，阜部位于整字的左部，写作"阝"，含左阝的汉字通常与山有关（如：险、陡、陵）或与位置高低有关（如：降、阶、陷）。当阝部位于整字的右部时，这个部件的本字是邑（yì），"邑"也是象形字，表示聚居的地方，含右阝的汉字常表示城市（如：邦、都、郭）或与城市相关的区域（如：郊、邻、部）。

阜 is a pictographic character. Its original meaning is mound, and its oracle bone inscriptions are like layers of cliffs or steps. As a component, 阜 is on the left part of the whole character and is written as 阝. Chinese characters containing left 阝 are usually related to mountains (for example, 险 , 陡 , 陵) or positions (for example, 降 , 阶 , 陷). When 阝 is on the right part of the character, the character for this component is 邑 , which is a pictographic character, indicating a place of settlement. Chinese characters with right 阝 often indicate a city (for example, 邦 , 都 , 郭) or a related area to a city (for example, 郊 , 邻 , 部).

【左 阝（阜）部所统领的字族】

一级：院

二级：随　阳　阴

三级：除　队　防　险

四级：阿　附　隔　降　阶
　　　陆　限　阵　阻

五级：陪

六级：陷　隐　障

【右 阝（邑）部所统领的字族】

一级：都（dōu）
　　　哪（nǎ）　那

二级：部

三级：都（dū）　邮

四级：郎　哪（na）

五级：郊　邻

🔶 练习 选字组词 ·

阳	限	险	阴	阻

（　）止　（　）光　（　）天　（　）制　危（　）

阳	限	险	阶	随

太（　）　保（　）　台（　）　期（　）　（　）便

随	部	陪	阶	队

（　）分　（　）同　（　）员　（　）时　（　）段

073

【阝部常用汉字的词族】

除
三级：除了
五级：拆除　除非　除夕　解除　排除
　　　消除
六级：除

院
一级：电影院　学院　医院
二级：院　出院　院长　院子　住院
四级：法院

部
二级：大部分　部分　全部　一部分
三级：部　北部　部门　部长　东部　南部
　　　西部　中部
四级：内部　胸部
五级：部位　俱乐部
六级：部队　教育部　外部　总部

练习❶ 选词填空

除非　消除　除夕　除了　拆除　解除

1.春节是一个团圆的节日，中国人非常重视在（　　　　）全家人一起吃团圆饭，（　　　　）有特别的原因，每个家庭成员都不会错过这个团聚的时刻。

2.由于没有完成基本的工作职责，他的领导职务被（　　　　）了。

3.（　　　　）这所老房子以外，另外两所房子也将被（　　　　）。因为这些房子有可能会倒塌，为了（　　　　）隐患，只能重新建造。

大部分（　　　）　　　一部分（　　　）　　　（　　　）俱乐部
（　　　）北部　　　　　（　　　）部门　　　（　　　）部长

刀 部

甲骨文　　　　篆书　　　　隶书　　　　楷书　　　　行书

【解说】

"刀"是象形字，甲骨文字形就像一把刀的形状。刀部可充当音符，也可充当义符，常位于整字的下部或右部，在右部时常写作"刂"。含"刀（刂）"部的字一般表示与刀有关的事物（如：刃、剑、剪）或与使用刀有关的动作（如：切、劈、削）。

刀 is a pictographic character, and its oracle bone inscription is like the shape of a knife. 刀 can serve as either a phonetic component or a signifier. It is often in the lower part of a character or on the right of it. When on the right part of characters, it is often written as 刂. The characters containing 刀（刂）refer to things related to a knife (for example, 刃, 剑, 剪) or to an action related to the use of a knife (for example, 切, 劈, 削).

【刀部所统领的字族】

一级：别　到　分（fēn）　前
二级：刚　划（huà）　刻　利　例
三级：创　初　刀　划（huá）　解　剧　判　切（qiè）　制
四级：刺　分（fèn）　列　切（qiē）　刷　则　召
五级：罚　剪　剩
六级：副　剑　刊　券

利　划　列　剧　刷

（　　）船　（　　）益　（　　）牙　（　　）场　（　　）车

利　划　列　剧　刷

话（　　）　系（　　）　计（　　）　印（　　）　权（　　）

分　召　切　初　解

部（　　）　缓（　　）　当（　　）　密（　　）　号（　　）

分　召　切　初　解

亲（　　）　（　　）步　（　　）决　（　　）别　（　　）开

练习 2 写出包含下列汉字的词语

分＿＿＿＿＿＿＿＿＿＿＿＿＿＿＿＿＿＿＿＿＿＿＿＿＿＿＿

到＿＿＿＿＿＿＿＿＿＿＿＿＿＿＿＿＿＿＿＿＿＿＿＿＿＿＿

制＿＿＿＿＿＿＿＿＿＿＿＿＿＿＿＿＿＿＿＿＿＿＿＿＿＿＿

利＿＿＿＿＿＿＿＿＿＿＿＿＿＿＿＿＿＿＿＿＿＿＿＿＿＿＿

自主学习部分

力　部

【字族】

一级：边　动　男

二级：办　加　力　努　为（wéi）　为（wèi）　务　助

三级：功　历　另　伤　势

四级：劲　穷　勇　幼

五级：劳　励　勤　劝

力　历　厉　利　励

经（　　）　胜（　　）　能（　　）　鼓（　　）　严（　　）

动　功　攻　助　劲

进（　　）　感（　　）　使（　　）　成（　　）　赞（　　）

务　势　努　勇　穷

形（　　）　贫（　　）　英（　　）　任（　　）　（　　）力

练习2 写出包含下列汉字的词语

力＿＿＿＿＿＿＿＿＿＿＿＿＿＿＿＿＿＿＿＿＿＿＿＿＿＿＿＿＿＿

加＿＿＿＿＿＿＿＿＿＿＿＿＿＿＿＿＿＿＿＿＿＿＿＿＿＿＿＿＿＿

动＿＿＿＿＿＿＿＿＿＿＿＿＿＿＿＿＿＿＿＿＿＿＿＿＿＿＿＿＿＿

卩 部

【字族】

二级：节　印

三级：命　卫

四级：却　即

六级：仰

印　即　命　节　卫

保（　　）　立（　　）　季（　　）　生（　　）　复（　　）

印　即　命　节　卫

（　　）约　（　　）将　（　　）刷　（　　）生　（　　）运

节＿＿＿＿＿＿＿＿＿＿＿＿＿＿＿＿＿＿＿＿＿＿＿＿＿＿＿＿

印＿＿＿＿＿＿＿＿＿＿＿＿＿＿＿＿＿＿＿＿＿＿＿＿＿＿＿＿

字义源流

在字义分析图中填写适当的例词或例句。

神
名词
本义：雷电所显示的神奇力量

借代引申：指神仙
如：＿＿＿＿＿＿＿＿

词性引申：形容词，形容特别高超的
如：＿＿＿＿＿＿＿＿

比喻引申：指偶像般的人物
如：＿＿＿＿＿＿＿＿

比喻引申：指看不到但能感知到的事物
如：＿＿＿＿＿＿＿＿

递进引申：表情
如：＿＿＿＿＿＿＿＿

递进引申：心思想法
如：＿＿＿＿＿＿＿＿

汉字中的"人"

除了"人（亻）"以外，还有一些表示人的汉字或部件。

"大"是象形字，是正面站立伸开手脚的成年人形象。在"大"字的基础上，创造了指事字"天、夫、太"。"天"字的"一"，用于指出天在人头顶上方的位置；"夫"的"一"表示成年人头上的簪（zān）子，古代成年人才佩戴簪子；"太"的"、"用于表示大的最高程度。

"匕（bǐ）"在甲骨文中是"人"字倒过来的字形，"匕"是"化"的古体字，用倒过来的"人"表示变化。"北"是会意字，表示两个人相背而行，是"背"的古字，表示背离或背叛的意思。"比"也是会意字，表示两个人并排的意思，像"比邻、比肩"等词语仍保留着"比"字的本义。"匕"在"尼、死"等字中也充当义符，表示人。

"儿"与"人"本属同一个字，作为偏旁分成了两种字形，"人"在整字的下部，常常被写成"儿"，像"元、兄、允、充"等字的儿部都充当义符，表示跟人有关的意思。

还有一些部件也跟人有关，比如"女、子、耂（lǎo）"都是象形字，分别表示女性、婴儿、老人，作为部件也常常表示相关的含义，像"妈、好、孕、孝、老"等。

·练习 填空题·

1.除了"人（亻）"，表示人的汉字或部件还有（　　　　）（　　　　）（　　　　）（　　　　）（　　　　）（　　　　）等。

2.上文中的象形字有（　　　　）（　　　　）（　　　　）等；会意字有（　　　　）（　　　　）（　　　　）等；指事字有（　　　　）（　　　　）（　　　　）。

思维导图

练习 在本单元的思维导图上填写相应的字族和词族

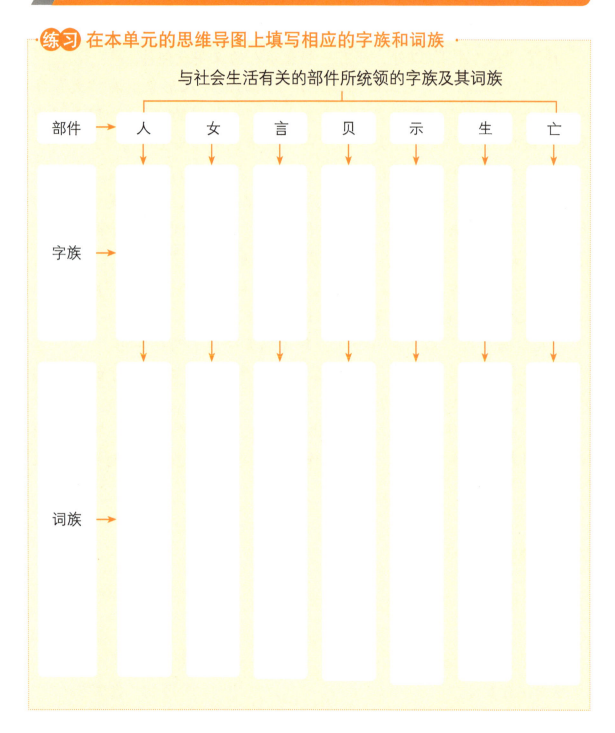

与社会生活有关的部件所统领的字族及其词族

部件 →	人	女	言	贝	示	生	亡
字族 →							
词族 →							

第三单元
日常生活与汉字

第七课 衣糸王工

教学目标

1. 理解汉字知识：造字法（二）——象形字
2. 了解汉字文化常识：汉语中的类词缀
3. 通过学习"衣、糸"等部件所统领的字族及其词族，认识汉语字词规律

汉字知识 造字法（二）——象形字

古埃及文字、苏美尔文、古印度文以及中国的甲骨文，都是独立地从原始社会简单的图画中产生出来的象形文字。

据文字学家和考古学家推断，汉字早期的造字方法就是用点和线描画出事物的形状，那些记事性图画就是最初的象形字。象形字是用象形符号表义的汉字，学习者可以通过对字形的联想判断字义并帮助记忆，如"山、月、火"等。

人	女	子	口	鼻	目	手	止（足）
马	虎	犬	象	鹿	羊	虫	龟
日	月	雨	（电）申	山	水	禾	木
壶	鬲	弓	矢	丝	册	卜	兆

表格中的汉字是常见的象形字。象形字有如下特点：

1. 象形字主要用于记录生活中常见的具体事物，包括人体、生活用具、武器、动物、植物等。这些象形字以名词为主，也包含少量动词。

2. 象形字的数量不多，约占常用汉字总量的 4%。

3. 象形字以独体字居多，其中大部分可以充当部件。

现代汉字虽然还保留象形文字的特征，但经过数千年的演变，其形式已经发生了很大变化，所以现代汉字不属于严格意义上的象形文字，而属于表意体系的语素文字。

练习 根据上文，判断下列表述是否正确

1. 象形字都是名词。 （　　）
2. 汉字中的象形字不多，但与日常生活关系密切。 （　　）
3. 象形字以独体字为主。 （　　）
4. 现代汉字属于象形文字。 （　　）

汉字部件、字族和词族

衣 部

甲骨文	篆书	隶书	楷书	行书

【解说】

"衣"是象形字，甲骨文字形就像古代衣服的形状。作为部件，衣部通常在整字的左部或下部，还有衣部被其他部件分开的情况（如：裹、衷、哀）。衣部可充当音符（如：依、裔），但主要充当义符，在整字左部时，常被写作"衤"。含衣（衤）部的字通常是与衣服有关的名词（如：裤、袜、裙）或动词（如：补、裁、裹）。

衣 is a pictographic character, and its oracle bone inscription is like the shape of ancient clothes. As a component, 衣 is usually on the left or lower part of the whole character, and 衣 can also be separated by other components (for example, 裏 , 衷 , 哀). 衣 can be used as a phonetic component (for example, 依 , 裔), but mainly as a signifier, and is often written as 衤 on the left part of the whole character. Characters containing 衣 (衤) are usually nouns (for example, 裤 , 袜 , 裙) or verbs (for example, 补 , 裁 , 裹) related to clothing.

【示部所统领的字族】

一级：衣

二级：表　装

三级：被　补　衬　初　裤　裙　衫

四级：袋　裹　袜　依

五级：裁

六级：裂　袖

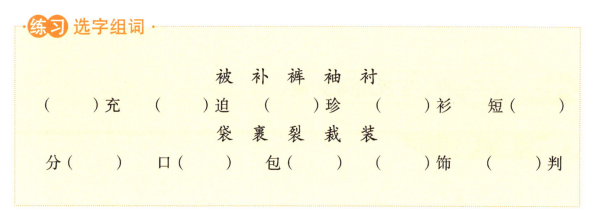

练习 选字组词

被　补　裤　袖　衬

（　　）充　　（　　）迫　　（　　）珍　　（　　）衫　　短（　　）

袋　裹　裂　裁　装

分（　　）　　口（　　）　　包（　　）　　（　　）饰　　（　　）判

【衣部常用汉字的词族】

一级：衣服

二级：大衣　洗衣机

三级：衬衣　上衣　衣架

四级：毛衣

六级：内衣　外衣　洗衣粉　雨衣

常用义项
服装 clothing：衣服。

装

二级：装

三级：安装　服装

四级：装修　装置

五级：包装　西装　装饰

六级：改装　时装　装备

常用义项

①衣服 clothing：服装。

②修饰 to decorate：装饰。

③做出来某种动作或姿态来掩饰真相 to pretend：假装。

④安装 to install：组装。

表

二级：表　表示　手表

三级：表达　表格　表面　表明　表现

　　　表演　代表　代表团　发表

四级：表情　表扬

六级：表面上

常用义项

①外面，外表 surface：表面。

②显示 to show：表示。

③图表 form：表格。

④计时的器具，一般指比钟小，可随身携带的 watch：手表。

练习①　写出包含下列汉字的词语

补_____

初_____

依_____

练习②　根据下列句子，为"装"字选择恰当的含义

①衣服　②修饰，打扮　③做出来某种动作或姿态来掩饰真相

④把东西放进器物内　⑤安装

　　尽管已经安装（　　　）了摄像头，商场里出售的装饰品（　　　）还常常被偷，一位警察就假装（　　　）成这里的工作人员，监视可能偷东西的人。果然，警察发现有一名顾客买了一件服装（　　　），然后把没有付款的装饰品装进（　　　）衣服口袋里带了出去。这时候收银员本来可以发现口袋里的东西，但她却装（　　　）没看见，原来收银员和小偷是夫妻。

练习 ③ 填写量词

一（　　　）大衣　　　两（　　　）衣架　　　三（　　　）洗衣机
四（　　　）西装　　　五（　　　）装置　　　六（　　　）洗衣粉

练习 ④ 填写恰当的形容词，组成短语

（　　　）的手表　　　（　　　）的装饰　　　（　　　）的包装
（　　　）地表达　　　（　　　）地表演　　　（　　　）地表现
表达得（　　　）　　　表演得（　　　）　　　表现得（　　　）

糸 部

甲骨文　　　篆书　　　隶书　　　楷书　　　行书

【解说】

"糸（mì）"是象形字，甲骨文的字形像一束拧在一起的<u>丝线</u>，字义为<u>丝线</u>。作为部件常写作"纟"，也有学者认为"纟"是通假字，通"丝"。糸（纟）部常充当义符，表示丝织品（如：纱、纸、绸）、纺织材料（如：线、丝）、丝织品的颜色（如：红、紫）、丝织品的特质（如：缩、细）、与纺织相关的动作（如：编、绣、缝）等。

糸 is a pictographic character, and its oracle bone inscription is like the shape of a bunch of twisted silk threads. As a component, it is often written as 纟, and some scholars believe that 纟 is developed from <u>丝</u>. 糸（纟）is often used as a signifier, indicating silk (for example, 纱, 纸, 绸), textile materials (for example, 线, 丝), colors (for example, 红, 紫) or characteristics (for example, 缩, 细) of silk, and textile related actions (for example, 编, 绣, 缝), etc.

【糸（纟）部所统领的字族】

一级：给（gěi）　累（lèi）　绍　系（xì）

二级：红　级　绩　结（jié）　经　练　绿　纸　组

三级：纪　继　结（jiē）　紧　绝　线　续　约　终

四级：编　纯　缓　累（lěi）　缩　统　维　系（jì）　细　综

五级：繁　纲　绕　绒　索　织　紫

六级：绘　给（jǐ）　纠　纳　素　绪　缘　纵

练习 选字组词

```
            系  紧  繁  累  索
积（　　） 频（　　） 线（　　） 赶（　　） 联（　　）
            系  紧  繁  紫  素
（　　）张 （　　）质 （　　）荣 （　　）统 （　　）色
            级  绩  纪  细  系
详（　　） 成（　　） 等（　　） 世（　　） 关（　　）
            级  继  纪  细  系
（　　）律 （　　）列 （　　）续 （　　）别 （　　）节
```

【糸（纟）部常用汉字的词族】

系　一级：没关系

　　三级：系（xì）　关系　联系

　　四级：系（jì）　系统　系列

常用义项

①打结；捆绑 to tie：系领带。

②关联 relate to：联系。

③系统 system：系列。

结　二级：结果

　　三级：结实（jiēshi）　结合　结婚　结束

　　　　　团结　总结

　　四级：结（jié）　结论　结构

常用义项

①编织 to knit：结网。

②使发生联系 to connect：结合。

③不再接续；了结 to end：结束。

经

二级：已经　经常　经过　经理
三级：曾经　经济　经历　经营　经验
四级：经典
五级：经费　神经
六级：总经理

练习 1 写出包含下列汉字的词语

级＿＿＿＿＿＿＿＿＿＿＿＿＿＿＿＿＿＿＿＿＿

线＿＿＿＿＿＿＿＿＿＿＿＿＿＿＿＿＿＿＿＿＿

紧＿＿＿＿＿＿＿＿＿＿＿＿＿＿＿＿＿＿＿＿＿

练习 2 选词组词

已经　未经　经常　经过　曾经　财经
经营　经历　经验　经典　总经理

1.三十年前，他（　　　　）是个商人，（　　　　）过一家很大的酒店，他担任酒店的董事长兼（　　　　）。

2.（　　　　）认真考虑，他决定把这次（　　　　）详细记录下来，写成一本书，把他的（　　　　）和教训介绍给别人。

3.这是一部（　　　　）电影，我（　　　　）看过好几遍了。

4.她是经济学教授，（　　　　）写（　　　　）方面的文章。

5.这是私人领地，（　　　　）允许，不能进入。

 自主学习部分

王　部

【字族】

一级：班　球　玩　现
二级：王　理　弄　全
三级：环　望
五级：狂　玻　璃　珍　珠　琴
六级：皇　旺

练习1 填空题

观察包含王部的汉字，王部充当音符的汉字有（　　　　　　　），
王部充当义符时可能代表皇权，也可能是"玉"字的变体，如（
　　　　）等汉字。

练习2 选字组词

王　望　狂　旺　皇

绝（　）　国（　）　兴（　）　疯（　）　（　）帝

班　球　理　环　玻

（　）解　（　）迷　（　）级　（　）璃　（　）境

班　球　理　环　珠

心（　）　珍（　）　加（　）　循（　）　地（　）

练习 3 写出包含下列汉字的词语.

现_____

全_____

工 部

【字族】

一级：差（chà）　工　左

二级：红

三级：功　巧　式

四级：江　项

五级：差（chā）　差（chāi）

六级：攻　巩　贡

练习 选字组词.

工　功　攻　巩　贡

（　）击　（　）程　（　）献　（　）课　（　）固

差　左　红　巧　项

（　）边　（　）别　（　）目　（　）包　技（　）

在字义分析图中补充适当的例词或例句。

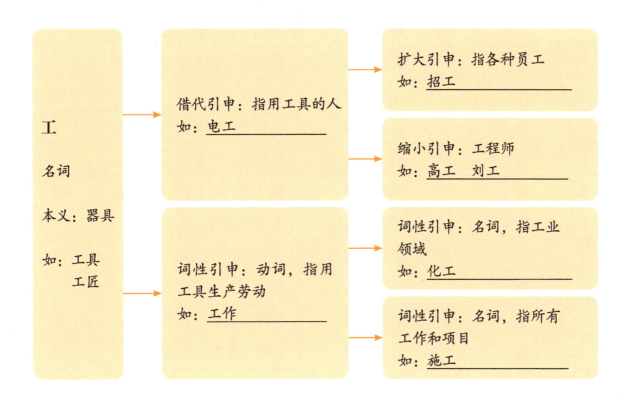

工
名词
本义：器具
如：工具 工匠

借代引申：指用工具的人
如：电工 _____

词性引申：动词，指用工具生产劳动
如：工作 _____

扩大引申：指各种员工
如：招工 _____

缩小引申：工程师
如：高工 刘工 _____

词性引申：名词，指工业领域
如：化工 _____

词性引申：名词，指所有工作和项目
如：施工 _____

汉字文化阅读材料

汉语中的类词缀

类词缀（derivational affixes）不是严格意义上的词缀，但具有词缀的主要特征，有很强的构词能力和造词能力，构词位置固定，有标示词性的功能。只是类词缀的语义有一定程度的虚化但还没有完全虚化，这是它与词缀的最主要区别。类词缀可因位置不同，分为前类词缀和后类词缀。类词缀在新兴及创新领域应用和传播得较多。掌握一些常见的类词缀，有助于同学们理解和应用新词。

类词缀	类型	词语示例
可	前类词缀	可爱　可怕　可怜
反	前类词缀	反浪费　反科学　反人类
多	前类词缀	多元　多功能　多媒体
准	前类词缀	准新娘　准老婆　准妈妈
超	前类词缀	超音速　超自然　超强
亚	前类词缀	亚热带　亚文化　亚健康
零	前类词缀	零风险　零消耗　零回报
高	前类词缀	高风险　高消耗　高回报
盲	后类词缀	文盲　脸盲　科盲
迷	后类词缀	足球迷　音乐迷　影迷
手	后类词缀	歌手　助手　凶手
星	后类词缀	歌星　影星　新星
奴	后类词缀	房奴　车奴　孩儿奴
师	后类词缀	美发师　厨师　设计师
霸	后类词缀	学霸　麦霸　考霸
化	后类词缀	恶化　工业化　电气化
式	后类词缀	新式　女式　中式
型	后类词缀	小型　新型　重型
性	后类词缀	科学性　重要性　装饰性

练习 思考题

1. 在表格中填写更多词语示例。

2. 在上表中，哪些类词缀表示人？

3. 你还知道哪些类词缀？

思维导图

糸（纟）部字族及其词族的思维导图

义类	丝织品	纺织材料	丝织品的颜色	丝织品的特性	纺织的动作
字族	绸 缎 纱 纸 绢……	线 纲 绳 约 丝……	红 紫 绿 绛 素……	缩 细 结 繁 紧……	编 绣 缝 绕 系……
词族					

第八课　食米反艮

1. 理解汉字知识：造字法（三）——指事字
2. 了解汉字文化常识：部件的变形
3. 通过学习"食、米"等部件所统领的字族及其词族，认识汉语字词规律

造字法（三）——指事字

象形造字法是有局限的，因为不是所有事物都能用简单的点和线描画出来。于是，古人就用象征性符号或在象形字上添加提示性符号造字，用这种方法造出的字就是指事字。

指事字分两种：一种是由纯象征性符号构成的，如"一、二、三"；另一种是在象形字的基础上增加提示性符号构成的，如"刃（rèn）"的意思是刀的锐利的部分，于是就在象形字"刀"的基础上加一点，提示该部分就是刀刃。"本、末"二字都是在"木"字上添加了提示符号，"木"表示树，树的下部是树根，就用"本"来表示；树的上部是树梢，就用"末"来表示。再比如，像"甜"这种表示味道的词无法用图画描绘，就在口字中间加一点，用以表示舌头上对甜味敏感的部位，于是造出了"甘"，这就是"甜"的本字。

指事字的数量在汉字系统中所占的比例很小，仅占 1% 左右，而且随着汉字的演化和发展，有些古代的指事字现在已不容易看出其所指的意图了。像"太、夫、亦"的甲骨文都是在"大"字的基础上添加了指事符号。"大"是象形字，像人的正面形象。在"大"下边加一个提示符号，表示大的程度最高，就成了"太"；在"大"的上部加一横，代表发簪，这与古代男子束发加冠的成年礼有关，于是就创造了"夫"；"亦"的本义是指两腋，即两臂下方，在甲骨文中就是在表示人的双臂的笔画下方各加一个指事符号。

本（　　　）　　末（　　　　）　　刃（　　　　）
甘（　　　）　　太（　　　　）　　夫（　　　　）
亦（　　　）

1. 指事字的数量在汉字系统中所占比例很小。（　　　）
2. 指事字很有意思，因为我们很容易理解其指事的意图。（　　　）
3. 指事字都是在象形字的基础上加上指事符号构成的。（　　　）

汉字部件、字族和词族

食 部

甲骨文　　　篆书　　　隶书　　　楷书　　　行书

【解说】

"食"是象形字，甲骨文字形就像器皿里盛满了食物的样子。作为部件，食部一般充当义符，在简体字中常被写作"饣"。含食（饣）部的字常表示食物（如：饺、饼、馒）、与食物相关的感受（如：饿、馋、饱）或与食物相关的行为动作（如：饮、饲、餐）等。

食 is a pictographic character, and its oracle bone inscription is like a vessel filled with food. As a component, 食 generally acts as a signifier, and is often written as 饣 in simplified Chinese characters. Characters containing 食（饣）often indicate food (for example, 饺，饼，馒), food-related feelings (for example, 饿，馋，饱), or food-related behaviors (for example, 饮，饲，餐).

【食部所统领的字族】

一级：饭 饿 馆

二级：饱 餐 饺 食

五级：饼 饰 饮

六级：馒

练习 选字组词·

饮 饭 饼 馒 饺

（　　）干　（　　）料　（　　）头　（　　）子　（　　）馆

食 饰 馆 餐 饼

装（　　）　西（　　）　粮（　　）　月（　　）　旅（　　）

【食部常用汉字的词族】

二级：食物

三级：美食　食品

四级：粮食　零食　食堂

五级：饮食

六级：食欲

常用义项

①吃的东西 food：美食。

②吃饭 to eat：食堂。

二级：快餐　晚餐　午餐　西餐　早餐

　　　中餐

四级：套餐

五级：餐馆　餐厅　餐饮

六级：餐

常用义项

①吃（饭）to eat：餐厅。

②饭食 meal; food：晚餐，

　西餐。

096

馆

一级：图书馆
二级：饭馆　体育馆
三级：大使馆　旅馆
五级：宾馆　博物馆　餐馆
六级：场馆

常用义项
①招待宾客的房屋 hotel：宾馆。
②陈列文献、文物或开展文体活动的场所 a place exhibiting documents, cultural relics, or holding cultural or sports activities：图书馆。
③一国派驻另一国从事外交活动的场所 embassy：大使馆。

练习 选词填空

图书馆　体育馆　大使馆　博物馆　餐馆
照相馆　美术馆　纪念馆　咖啡馆　宾馆

1. 他计划上午去（　　　　）拍证件照，然后带上照片去（　　　　）办理签证，下午去（　　　　）打球。

2. 我得先去（　　　　）还书，然后去（　　　　）看油画展，真的没时间陪你去（　　　　）喝咖啡。

3. 周末她常带孩子去参观（　　　　）或名人（　　　　），目的是拓宽孩子的知识面。

4. 他们在附近的（　　　　）吃完晚饭就回（　　　　）休息了。

米 部

甲骨文	篆书	隶书	楷书	行书

【米部所统领的字族】

一级：米

二级：数（shǔ）　数（shù）

三级：精　类　迷　糖

四级：粗　粮　料

五级：糕　糊　糟

六级：粉　粥

练习❶ 选择填空

观察包含米部的汉字，"米"在这组汉字中主要充当_____（A.义符 B.音符），其中（　　　　　　　　　　）等汉字与食物有关；"精、粗、糙"等汉字与米的品质有关。

练习❷ 选字组词

米　迷　料　糊　粉

资（　　）　玉（　　）　影（　　）　奶（　　）　模（　　）

米　迷　粮　糟　粗

（　　）饭　（　　）糙　（　　）人　（　　）糕　（　　）食

【米部常用汉字的词族】

米

一级：米饭

二级：米（量词）

三级：米（名词）

四级：毫米　厘米　玉米

六级：平方米　大米

常用义项

①稻米；大米 rice；米饭。

②长度单位 unit of length：厘米。

精	二级：精彩	常用义项
	三级：精神（jīngshén，名词） 精神（jīngshen，形容词、名词） 四级：精力 六级：精　精美　精品	①美好；完美 fine; perfect： 　精彩。 ②人表现出来的活力；精力 　energy：精神。

料	四级：材料　燃料　塑料　塑料袋　原料 　　　资料	常用义项
	五级：饮料 六级：料（动词）　料（名词）　不料	①材料；原料 material：材料。 ②猜测；估量 to guess; to 　expect：不料。

练习① 写出包含下列汉字的词语

类＿＿＿＿＿＿＿＿＿＿＿＿＿＿＿＿＿＿＿＿＿＿＿＿＿＿

迷＿＿＿＿＿＿＿＿＿＿＿＿＿＿＿＿＿＿＿＿＿＿＿＿＿＿

练习② 选词填空

燃料　塑料袋　材料　塑料　不料　资料　饮料

1. 超市不再免费提供（　　　　　）了，因为这种化工（　　　　　）制成的袋子对环境不利。

2. 他想上网查（　　　　　），（　　　　　）这个网站让电脑染上了病毒。

3. 这种（　　　　　）的瓶子不是玻璃的而是（　　　　　）的，所以又轻又不容易破碎。

 自主学习部分

反 部

【字族】

一级：饭

二级：板

三级：反

五级：版 返

练习 选字组词

饭 板 反 返 版

相（　　） 老（　　） 出（　　） 往（　　） 做（　　）

饭 板 反 返 版

（　　）对 （　　）回 （　　）店 黑（　　） 盗（　　）

艮 部

【字族】

一级：跟 很

二级：眼

三级：根 退 银 限

四级：即 既

五级：恨 艰

六级：狼

　　　　　艰　限　眼　退　根

（　　）据　　（　　）出　　（　　）镜　　（　　）制　　（　　）难

　　　　　限　退　根　银　眼

期（　　）　　（　　）本　　（　　）睛　　（　　）行　　（　　）休

良　部

【字族】

二级：食

三级：浪　娘

四级：郎　良　粮

五级：朗

　　　　　良　浪　朗　娘　粮

晴（　　）　　波（　　）　　姑（　　）　　善（　　）　　（　　）食

　　　　　既　即　朗　浪　郎

（　　）将　　（　　）然　　新（　　）　　（　　）读　　（　　）费

在字义分析图中填写适当的例词或例句。

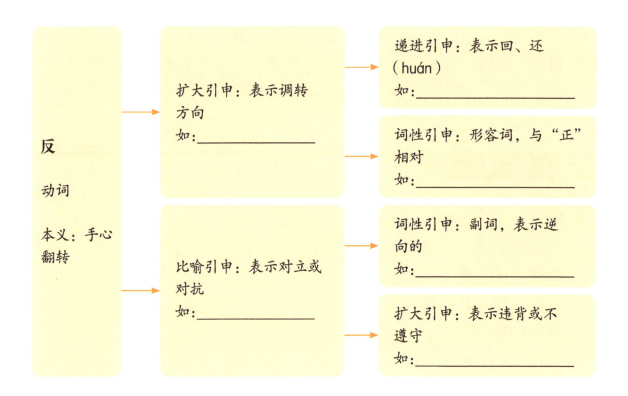

部件的变形

有些汉字可以充当部件,但部件的书写形式常常会有所变化。比如,当"木"充当木部边时,末笔的捺(㇏)常常被写成点(丶),像"村、材"等;充当木部底时,有时会被写作"朩",像"条、茶"等;充当木部头时,笔画没有变化,但会写得比较扁,像"李、杏"等;而充当木部旁时,木的字形会写得细长一些,像"沐、休"等。部件变形的问题应引起同学们注意。在下表中,总结了一些常见的部件变形的情况,但仍有很多特殊情况,需要同学们在学习过程中仔细观察和对比。

笔画变形	部件		字例				说明
"横"变形成"提"	工 王 子 鱼 金 止	土 车 耳 牛 至 立	功 理 孩 鲜 剑 此	攻 环 孙 鲸 敛 歧	城 转 取 特 到 站	地 辆 聪 牧 致 端	1. 变形的部件在整字左部。 2. 部件末笔变形。
"捺"变形成"点"	人 文 大 木 米	又 良 火 禾 矢	从 斌 奇 桃 粗	坐 刘 牵 机 料	对 郎 烧 和 知	劝 朗 烤 利 短	1. 变形的部件主要在整字的左部，也有在整字上部的情况。 2. 部件末笔变形。
	令 会	合 金	邻 剑	领 邻	鸽 敛	颌 剑	变形的部件在整字的左部。
	人 矢 木	大 文 米	闪 达 困	内 医 闲	囚 闵 迷	因 这 菊	1. 变形的部件在整字的内部。 2. 部件末笔变形。 3. 存在不变形的情况，如：图圈等。
	水 久	天 火	泰 灸	暴 炎	奏	凑	邻近的笔画有两个捺时，常将其中一个捺变成点。
"竖弯钩"变形成"竖提"	光 匕 屯	元 己	辉 比 顿	耀 顷 邻	顽 改	祁 凯	变形的部件在整字的左部。
"撇"变形成"竖"	月	用	青 胃	骨 有	肖 甬	育 庸	变形的部件在整字的下部。
"竖"变形成"撇"	羊 辛	半 丰	翔 辣	羚 辩	叛 辨	判 邦	部件在整字的左部时常会发生变形。
省略"勾"	可 羽 几	甫 小	哥 朵	歌 翠 殳	傅 少 船	博 尘 沿	部件在整字的上部时会发生变形。
笔画长短发生变化	走 麻	爪 辰	超 磨	赶 魔	爬 唇	蜃	部件中的笔画变长。
	木 禾 不 羊	米 采 中 牛	查 秀 歪 羔	集 香 甬 羡	类 番 贵 告	娄 悉 衰 靠	1. 部件中的笔画变短。 2. 整字为上下结构或上中下结构。

第九课　宀广门尚

教学目标

1. 理解汉字知识：造字法（四）——会意字
2. 了解汉字文化常识：繁体字和简体字
3. 通过学习"宀、广、门"等部件所统领的字族及其词族，认识汉语字词规律

汉字知识　造字法（四）——会意字

　　会意造字法指的是用两个或两个以上的部件合成一个字，这些部件的意义合成新字的意义。比如，双"木"为"林"，三"木"为"森"，"日、月"为"明"，"江"边落"鸟"为"鸿"，"两人相随"为"从"，"两手分物"为"掰"，等等。

　　跟象形、指事相比，会意造字法具有明显的优势：第一，它可以表示抽象的或难以描画的事物，如"明、休"等；第二，部件组合的方式有较强的造字能力，《说文解字》中收录了1167个会意字，约为该书收录汉字总量的13%，远比象形字和指事字的数量多。用会意的方法造字的方式一直沿用到现在，比如"不"和"用"组合为"甭（béng）"，表示不用的意思。那么"歪（wāi）""孬（nāo）"的意思，也就可想而知了。

　　会意字很有趣，但是会意字是古人在当时的历史条件下创造出来的，所以存在一定的局限性，当时的经验和认识不一定能被后人所理解，而且很多汉字在演变的过程中字形和字义都发生了变化。比如"武"是由"止"和"戈"组成，"止"是"趾"的本义，"戈"是一种武器，二者组合在一起表示人拿着武器行走，有征伐或显示武力的意思。后来，又有人将"止戈"解释为停止使用武力，这反映了人们对"武"的认识已经从"应用于战争"转变为"制止战争，维护和平"。再比如，"亻（人）"和"木"组成"休"字，被解释为在树下休息，但也可能会被理解为在树下工作，或人在种树，或人在砍树，等等。所以虽然会意字可以帮助我们理解字义，但存在不确定、不准确的情况，我们不能完全靠推想部件之间的联系猜字义。

掰	鸣	明	旦	林	从	众
鸿	休	尖	歪	卡	武	埋

汉字部件、字族和词族

宀 部

| 甲骨文 | 篆书 | 隶书 | 楷书 | 行书 |

【解说】

"宀（miǎn）"是象形字，甲骨文字形就像房子的形状。现在"宀"只用作部首，通常被称为"宝盖"。作为部件，宀部充当义符。以"宀"为部件的字，常跟房屋建筑有关（如：室、宫、宅），与居住的心理感受有关（如：安、宁、定），与休息睡觉有关（如：宿、寝），还常与在房间里进行的活动有关（如：客、宴、审）。

宀 is a pictographic character, and its oracle bone inscription is like the shape of a house. Nowadays, 宀 is only used as a radical, usually called 宝盖. As a component, 宀 acts as a signifier. The characters containing 宀 are often related to buildings (for example, 室，宫，宅), to the feelings related to living (for example, 安，宁，定), to rest and sleep (for example, 宿，寝), and to the activities performed in a room (for example, 客，宴，审).

【宀部所统领的字族】

一级：家 客 字
二级：安 定 实 室 它 完 宜
三级：察 富 害 容 赛 宣
四级：案 宝 官 寒 寄 宽 密 宁 守
五级：宾 宿 灾
六级：宠 宫 宏 牢 塞（sāi） 塞（sè） 审 宴 宇 宅 宗

灾　宾　宣　宠　家

（　　）庭　（　　）难　（　　）馆　（　　）物　（　　）布

宁　宇　字　牢　守

遵（　　）　（　　）典　（　　）固　（　　）宙　（　　）静

赛　塞　察　密　寒

警（　　）　堵（　　）　竟（　　）　（　　）冷　秘（　　）

【宀部常用汉字的词族】

一级：家　国家　回家　家里　家人　在家

二级：大家　画家　家（后缀，科学家）

　　　家庭　家长　全家　作家

三级：搬家　家具　家属　家乡　专家

四级：家务　老家　人家

六级：家电　家园

常用义项

①家庭 family：家人，家具。

②家庭的住所 home：回家。

③掌握丰富学识或专门技能的人 specialist：画家。

④人工饲养或培植的 domestic：家禽（高级）。

二级：实际　实在（shízài，副词）

　　　实在（shízai，形容词）　实习　实现

三级：结实　其实　确实　实际上

　　　实力　实行　实验　实验室

　　　事实　事实上　现实　真实

四级：诚实　老实　果实　实施　实用

五级：实惠　证实　落实

六级：切实　扎实　说实话　实践　踏实

常用义项

①种子；果实 seed; fruit：果实。

②真的；的确 real; indeed：确实。

③客观存在的事物或情况；事实 fact：实际。

④真实；实在 real; honest：诚实，实在。

定

二级：不一定　一定

三级：规定　确定　决定　否定　定期　制定

四级：定　固定　说不定　稳定

五级：认定　特定　坚定　肯定

六级：测定　定价　定时　定位　鉴定

　　　指定　约定

常用义项

①不变的 stable; fixed：定期。

②使不变动 to fix; to decide：决定。

③必然的 sure：一定。

练习 **1** 写出包含下列汉字的词语

安_____

字_____

客_____

练习 **2** 根据下列句子，为"家"字选择恰当的含义

①家庭　②家庭的住所　③掌握丰富学识或专门技能的人
④人工饲养或培植的　⑤量词，用来计算家庭或单位

叔叔是画家（　　），在外国的一家（　　）美术馆工作，只有春节的时候才回家（　　）住一段时间。他喜欢跟家人（　　）聊天儿，也喜欢照顾家里的（　　）鸡、鸭、鹅等家禽（　　）。

练习 **3** 选词填空

证实　确实　现实　实现　实践　实习
实惠　实际　实行　事实　实验

1.安排大学生去企业（　　　　），可以使学生有机会把理论知识应用于（　　　　），并能深入了解企业的（　　　　）情况。

2.科学家通过一项（　　　　）向人们（　　　　）压力对动物的健康也是有影响的。

3.网络帮助人们（　　　）了很多梦想，但虚拟的网络世界也让一部分人的生活脱离了（　　　）。这种现象越来越严重，（　　　）应引起重视。

4.（　　　）新的政策以来，企业和员工都获得了（　　　　），（　　　）证明这个政策是可行的。

练习④ 填写恰当的名词，组成短语

诚实的（　　　　） 真实的（　　　　） 实用的（　　　　）

固定的（　　　　） 稳定的（　　　　） 坚定的（　　　　）

制定（　　　　） 决定（　　　　） 确定（　　　　）

广 部

廣　廣　廣　广　广

甲骨文　　篆书　　隶书　　楷书　　行书

【广部所统领的字族】

一级：床　店

二级：度　广　康　庭　应（yīng）　应（yìng）　座

三级：底　麻　庆

四级：府　矿　扩　席　序

五级：库　摩

六级：废　磨　庄

练习① 填空题

包含义符"广"的汉字通常与房屋、场所或室内陈设有关。在以上这组汉字中，部件"广"充当音符的汉字有（　　　　　　　　　　　　　），充当义符的汉字有（　　　　　　　　　　　　　）。

广　厂　床　康　扩

工（　　）　　起（　　）　　健（　　）　　推（　　）　　（　　）展

麻　摩　府　座　席

按（　　）　　出（　　）　　政（　　）　　（　　）位　　（　　）烦

庆　厌　厅　厕　厨

餐（　　）　　国（　　）　　讨（　　）　　（　　）房　　（　　）所

【广部常用汉字的词族】

二级：广场　广告
三级：广播　广大　推广
四级：宽广
五级：广　广泛
六级：广阔

常用义项
①面积或范围大 large：广场。
②扩大 to expand：推广。

应

二级：答应　应该
三级：适应　反应　应当　应用
四级：供应　应（yīng）
五级：对应　相应　应（yìng）
六级：应对　回应　应急

常用义项
①回答 to reply：回应。
②接受；满足 to accept; to satisfy：应邀。
③理该如此 should：应该。
④处理；应付 cope with：应急。

二级：度　角度　态度　温度
三级：速度　程度　制度　难度
四级：度过　季度
五级：长度　风度　宽度　高度　幅度
　　　过度　年度　强度　深度

常用义项
①表物质有关性质所达的程度 degree：温度，长度。
②事物所能达到的范围 scope：程度。
③过（指时间）to spend：度假。

练习1 写出包含下列汉字的词语

店＿＿＿＿＿＿＿＿＿＿＿＿＿＿＿＿＿＿＿＿

底＿＿＿＿＿＿＿＿＿＿＿＿＿＿＿＿＿＿＿＿

练习2 选词填空

应该　反应　应急　应对　应用

相应　应聘　适应　供应　应邀

1. 这个（　　　　）者准备得很充分，头脑清晰，（　　　　）很快，能轻松（　　　）面试官问的每个问题。

2. 老师说仅仅学习书本上的知识还不够，（　　　　）多思考如何把理论知识（　　　）到实际生活中。

3. 面对突发的洪水，政府立即成立了（　　　　）领导小组，组织各个部门迅速采取（　　　　）措施，降低洪水带来的损失，尤其要保证药品和食物（　　　　）。

4. 一名毕业生（　　　　）参加了欢迎留学生的活动，并且向新生介绍了尽快（　　　）留学生活的经验。

练习3 填写恰当的形容词，组成短语

（　　　　）的态度　　（　　　　）的广场　　（　　　　）的温度

（　　　　）地推广　　（　　　　）地应用　　（　　　　）地反应

练习4 填写恰当的名词，组成短语

宽广的（　　　）　　广泛的（　　　）　　相应的（　　　）

推广（　　　）　　供应（　　　）　　适应（　　　）

 自主学习部分

门 部

【字族】

一级：间（jiān）门 们 问

二级：闻

四级：闭 闹 闪 阅

五级：闯 间（jiàn）闲

六级：阔

练习1 填空

以上这组汉字中都含有部件（　　　　　　），这个部件在整字中可充当音符，如（　　　　　　）；也可充当义符，如（　　　　　　）。

练习2 选字组词

闹 问 闭 闪 阅

（　）候　（　）读　（　）电　（　）幕　（　）钟

闹 问 闭 闻 间

关（　）　热（　）　疑（　）　时（　）　新（　）

练习3 写出包含下列汉字的词语

门_____

间_____

问_____

尚 部

【字族】

一级：常

二级：堂

四级：赏　尚　躺

五级：掌

六级：党　趟

练习 选字组词

常　党　尚　赏　掌

高（　　）　经（　　）　鼓（　　）　政（　　）　欣（　　）

掌　常　尝　撑　堂

支（　　）　食（　　）　（　　）识　（　　）试　（　　）握

厂 部

【字族】

二级：原

三级：历　厂　压

四级：厘　厚

五级：厨　厉　厅　厌

六级：厕

原 厨 厅 厂 广

工（　）　　客（　）　　（　）师　　（　）因　　（　）场

历 厉 原 厌 厚

严（　）　　经（　）　　讨（　）　　深（　）　　草（　）

历 厉 庄 压 厘

（　）米　　（　）史　　（　）害　　（　）力　　村（　）

字义源流

在字义分析图中补充适当的例词或例句。

门
名词
本义：房门
如：门口

扩大引申：指形状或作用像房门的事物
如：柜门　球门

比喻引申：表示通路或途径
如：窍门　没门

借代引申：指家庭、家族
如：名门　豪门

借代引申：派别、类别
如：法门　五花八门

词性引申：量词
如：＿＿＿＿＿＿＿

繁体字和简体字

为了便于人们学习和使用汉字，中国政府在 20 世纪 50 年代进行了汉字简化改革，并组织专家制定了《汉字简化方案》，编制了《简化字总表》，规定简化字是通用的标准汉字字形。现代汉语中的简化字专指政府公布的规范的字体。但中国港澳台地区及部分海外华人聚居区仍在使用汉字简化前的形式——繁体字。繁体字指被当代简化字所代替的汉字，有时也指汉字简化运动之前的汉字楷书、隶书等书写系统。现在，仍存在简化字和繁体字并存的情况，在中国的某些专业书籍、书法作品、古代建筑、牌匾（biǎn）等载体上也常能看到繁体字，在日本、韩国文字中使用的汉字也保留着一些繁体字的字形，欧美研究者称之为传统汉字（traditional Chinese character）。

中国人一般都能认读常用的繁体字。因为被简化的汉字只占现代汉字总数的 20% 左右，而且简化是有规律可循的，用类推的方式就可以认出很多繁体字，了解了一个繁体字或繁体字部件就可以类推出一系列繁体字，比如"贝"的繁体字形是"貝"，那么"财、贩、货、贷"的繁字体就是"財、販、貨、貸"。

其实，同一个汉字有繁、简两种字形的情况非常普遍，从甲骨文时代到当代，繁体字和简体字的历史几乎一样长。一个汉字有多种字形的情况会增加汉字识记的负担。在汉字规范的过程中，人们往往会选择笔画简单的字形，弃用笔画繁复的字形。

练习 通过观察和对比，试着写出相应的简体字或繁体字·

繁体字	简化字	繁体字	简化字	繁体字	简化字
讀	读	驗	验	輕	轻
話	（　）	媽	（　）	經	（　）
（　）	卖	（　）	检	（　）	军
（　）	课	（　）	码	（　）	劲
續	（　）	臉	（　）	陣	（　）

思维导图

练习 在思维导图中填写相应的词族·

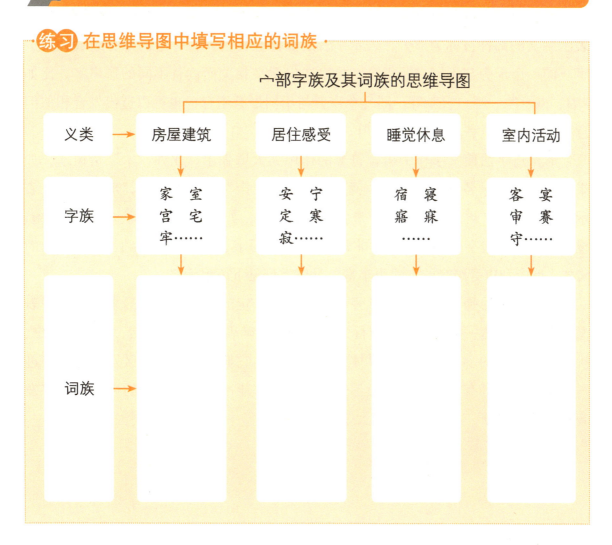

宀部字族及其词族的思维导图

义类 →	房屋建筑	居住感受	睡觉休息	室内活动
字族 →	家 室 宫 宅 牢……	安 宁 定 寒 寂……	宿 寝 窟 寐 ……	客 宴 审 赛 守……
词族 →				

第十课　车走令分

教学目标

1. 理解汉字知识：造字法（五）——形声字
2. 了解汉字文化常识：汉字信息处理技术
3. 通过学习"车、走"等部件所统领的字族及其词族，认识汉语字词规律

汉字知识　造字法（五）——形声字

由表示字义的部件和表示字音的部件组成新字，这种造字方式就是形声法。表示字义的部件被称为形旁，表示字音的部件被称为声旁，这两部分组成了形声字。同一个形旁与不同声旁组合，可以造出意义相关而读音不同的形声字，比如"唱、喊、吹、呼、吸"等。同一个声旁与不同形旁组合，也可以造出发音相似但意义不同的形声字，比如"订、盯、顶、钉、厅、灯"等。

形声造字法使文字作为语言符号的作用大大增强了，比如"木"指树木，如果想用文字记录各种各样的树，就可以用"形、声"结合的方式，形旁"木"表示树木的类属，再用声旁的发音来表示树的种类，如"松、柿、桃、梨、棠、杨、橡"等。形声造字法的造字能力非常强，《说文解字》中的形声字约占汉字总数的82%。形旁和声旁结合的方式很丰富，具体类型见下练习表格。

需要指出的是，形声字的形旁和声旁都有一定的局限性。一般来说，形旁表义，但只能表达一类事物或动作行为，做不到准确表义，比如"抬、推、提、拉、挑"都与手部的动作有关，但具体是什么动作，它们之间有什么区别，还需要进一步学习；声旁有表音功能，但不是所有声旁都能准确表音，有的声旁与整字发音在声母、韵母、声调方面有较大差别。

形旁和声旁的组合方式			
类型	例　字		
左形右声	喝　转　（　　　）	（　　　　）	（　　　　）
右形左声	和　创　（　　　）	（　　　　）	（　　　　）
上形下声	花　字　（　　　）	（　　　　）	（　　　　）
下形上声	怒　贫　（　　　）	（　　　　）	（　　　　）
外形内声	病　远　（　　　）	（　　　　）	（　　　　）
内形外声	问　床　（　　　）	（　　　　）	（　　　　）

汉字部件、字族和词族

车　部

甲骨文　　篆书　　隶书　　楷书　　行书

【解说】

"车"是象形字，甲骨文字形就像车的形状。作为部件，"车"常充当义符。以"车"为部件的字，常表示车的部件（如：轮、轴）、与车有关的事物（如：轨、辙）、与车有关的活动（如：转、输）等。

车 is a pictograph, and its oracle bone inscription is like the shape of a cart. As a component, 车 often serves as a signifier. Characters containing 车 often indicate the parts of a cart (for example, 轮 , 轴), the things related to a cart (for example, 轨 , 辙), and the actions related to a cart (for example, 转 , 输).

【车部所统领的字族】

一级：车

二级：辆　轻

三级：较　连　输　转（zhuǎn）

四级：轮　阵　载（zài）　渐

五级：辈　辅　辑　军　库　软　载（zǎi）

六级：轨　转（zhuàn）

练习 选字组词

输　较　轻　渐　载

年（　　）　　比（　　）　　下（　　）　　运（　　）　　逐（　　）

软　轻　练　炼　轮

锻（　　）　　熟（　　）　　（　　）船　　（　　）松　　（　　）件

辆　载　输　军　连

（　　）人　　（　　）人　　（　　）续　　记（　　）　　车（　　）

【车部常用汉字的词族】

一级：车　车票　车上　车站　打车　火车　开车
　　　汽车　上车　下车

二级：车辆　出租车　公共汽车　公交车　骑车
　　　停车　停车场　自行车

四级：倒（dǎo）车　倒（dào）车　电动车
　　　堵车　列车

五级：车主　乘车

六级：车号　车牌　车展　电车　机动车
　　　开夜车　客车　快车　马车　慢车
　　　修车　晕车

常用义项
有轮子的交通工具 vehicle：
火车。

转

三级：转（zhuǎn） 转变

四级：转动 转告 转身 转弯 转移

五级：转化 转换 转让 转向

六级：好转 旋转 转（zhuàn） 转动

常用义项

①改变方向、位置、形势、情况等 to turn; to change：转身，转变。

②间接把某物给另一方 to transmit：转告。

③围绕一个中心点移动 to revolve：旋转。

连

三级：连 连忙 连续 连续剧

五级：连接 接连

常用义项

①相衔接 to connect：连接。

②相接续 in succession：连续。

练习1 选词填空

开车　骑车　汽车　火车　堵车

车位　车票　车站　车主　打车

1.我的自行车坏了，不能（　　　　）去学校了，所以我早早地就到（　　　　）等公交车。但是公交车没有按时到车站，我就只好（　　　　）了。

2.今天我上班迟到了，因为路上（　　　　），到了停车场又没有（　　　　），耽误了一个多小时。

3.有些人喜欢坐（　　　　）旅行，因为（　　　　）比较便宜，还能欣赏铁路两边的风光。

4.他买了一辆二手（　　　　），今天跟（　　　　）办理了买车的手续。他以后就可以（　　　　）上班了。

一（　　　）车票　　两（　　　）火车　　三（　　　）自行车
四（　　　）车站　　五（　　　）汽车　　六（　　　）停车场

练习 ③ 填写恰当的形容词，组成短语

（　　　）地转变　　（　　　）地转动　　（　　　）地转告
（　　　）地转身　　（　　　）地转弯　　（　　　）地转移

练习 ④ 填写恰当的名词，组成短语

转变（　　　）　　转动（　　　）　　转告（　　　）
转移（　　　）　　转换（　　　）　　转让（　　　）

走 部

甲骨文　　　篆书　　　隶书　　　楷书　　　行书

【解说】

　　"走"是会意字，上部像甩臂的人形，下部是脚的形状，表示人在跑。作为部件，走部一般充当义符，含走部的汉字常与跑的动作有关。还有一个表示走或跑等运动状态的部件是"辶"，俗称"走之"或"走之旁"。"辶"实际上来自古汉字中的偏旁辵（chuò），现代汉语中已很少使用这个字了。

　　走 is an associative compound character. Its upper part is like a human figure with swinging arms, and the lower part is the shape of feet, indicating running. As a component,

120

走 generally serves as a symbol, and the Chinese characters containing 走 are often related to the action of running. There is another component that shows the motion of walking or running which is 辶, commonly known as 走之 or 走之旁. 辶 actually comes from the Chinese character 辵, which is seldom used in modern Chinese.

【走部所统领的字族】

一级：起　走

二级：超　越

三级：赶

四级：趋　趣

六级：趟

【辶部所统领的字族】

一级：边　道　过（guò）还（hái）还（huán）进　送　远　这

二级：遍　过（guo）近　适　通　选　迎　运

三级：达　连　迷　退　速　造　追

四级：避　迟　递　逛　迫　述　途　透　迅　遗　遇　逐

五级：返　逻　逃　违　邀　遵

六级：逼　迁　遭

练习 选字组词

趋　赶　超　趣　起

兴（　　）　引（　　）　（　　）快　（　　）越　（　　）势

边　遍　远　近　进

普（　　）　永（　　）　促（　　）　旁（　　）　附（　　）

适　道　遇　途　选

遭（　　）　合（　　）　挑（　　）　用（　　）　知（　　）

达　运　迎　速　避

命（　　）　到（　　）　回（　　）　欢（　　）　迅（　　）

【走部和辶部常用汉字的词族】

走

一级：走　走路

二级：走过　走进　走开

五级：逃走

六级：拿走　走私

常用义项
①人或鸟兽的脚交互向前移动 to walk：走路。
②离开 to leave：逃走。

起

一级：起　对不起　起床　起来　一起

二级：起飞　想起

三级：看起来

四级：引起　看不起　了不起

五级：起到　起码　提起

六级：发起　看得起　起点　起诉

常用义项
①向上升 to rise：起飞。
②（从、由……）开始 to start：起点。

通

二级：通　交通　通知　通过　普通　普通话

三级：通常　通信

四级：通知书

五级：沟通　通用　流通

六级：不通　畅通　开通　通道　通报　通红　通话　通行　通讯

常用义项
①互相来往 have contact with：沟通。
②有路达到 lead to：开通。
③使知道 to notify：通知。
④普遍 common：通常。

进

一级：进　进来　进去　请进

二级：进行　进入　走进

三级：改进　进步　进一步　进展　前进　先进　推进

四级：促进　进口　引进

五级：进化

六级：进攻　增进

常用义项
①向前移动 to advance：进攻。
②从外面到里面 to enter：进入。

超_____

赶_____

过_____

道_____

普通话　通知书　畅通　精通　沟通　卡通　交通　通常　通过

1.他喜欢与各个地方的人（　　　　），也擅长学习各种语言，不仅（　　　　）法语和德语，而且会用（　　　　）跟中国人聊天。

2.这个城市的（　　　　）状况不错，很少发生堵车的情况，上下班时间的道路也很（　　　　）。

3.我女儿放学后（　　　　）会看一会儿（　　　　）片或玩玩游戏。

4.他（　　　　）了入学考试，学校给他寄来了录取（　　　　）。

进行　先进　促进　进修　进入　进度
进口　进展　改进　进而　进一步

1.为了（　　　　）教师提高教学水平，学校正在（　　　　）教师教学能力竞赛，获胜的教师将得到去国外（　　　　）的机会。

2.中国（　　　　）老龄化社会阶段以来，为老年人服务的各项工作取得了新（　　　　），老人的生活越来越便利了。

3.这些设备是从国外（　　　　）的，目前国内还没有这种（　　　　）的设备。

123

4.工程师（　　　　）了原有的设备和技术，并（　　　　）优化了工作方案，使建设效率大大提高，（　　　　）加快了工程（　　　　），提前三个月完工了。

自主学习部分

令　部

【字族】

一级：冷　零

三级：领

五级：怜　邻　铃　龄　令

练习 选字组词

邻　铃　龄　冷　怜

年（　　）　寒（　　）　可（　　）　（　　）声　（　　）居

分　部

【字族】

一级：分（fēn）

二级：份

四级：分（fèn）　纷

五级：扮　盆

六级：氛　粉　盼　贫

124

今　公　分　令　合

充（　　）　至（　　）　办（　　）　场（　　）　命（　　）

扮　份　盆　粉　纷

身（　　）　纠（　　）　脸（　　）　奶（　　）　打（　　）

彳　部

【字族】

一级：行（xíng）　得（dé）　很

二级：得（de）　往　行（háng）　街

三级：待（dài）

四级：得（děi）　征　律　彻　微

五级：待（dāi）　彼　德

六级：衡　径　徒　循

练习 1 选字组词·

行　得　往　征　待

等（　　）　特（　　）　值（　　）　步（　　）　交（　　）

行　得　往　街　待

（　　）来　（　　）遇　（　　）动　（　　）道　（　　）到

练习 2 写出包含下列汉字的词语·

往_____

行_____

待_____

得_____

在字义分析图中补充适当的例词或例句。

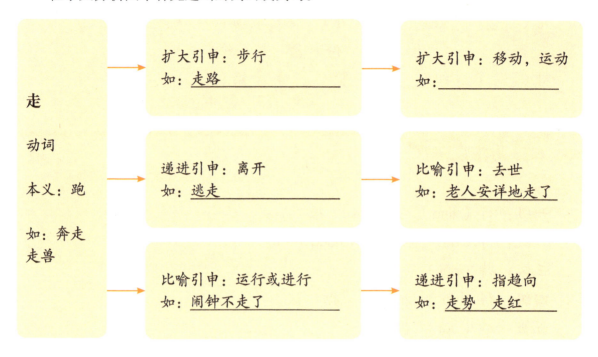

汉字文化阅读材料

汉字信息处理技术

20世纪以来，以计算机为标志的现代信息技术的发展给汉字带来了怎样的挑战和机遇呢？

汉字的总量多，笔画有多有少，字形结构复杂，发音有声调，同音字和同音词多，这些特点增加了计算机处理汉字的难度。不过，经过计算机专家和语言学家的努力，人们已经能利用计算机比较轻松地进行汉字信息的输入和输出了。

汉字的信息输入有三种方式。第一，根据汉字的笔画或发音，使用电脑键盘，通过音码、形码或音码形码结合等方式输入汉字信息。其中，人们最常用的就是汉语拼音输入法。第二，利用专业设备识别汉字字符。最常见的就是通过扫描设备，把文字录入计算机。第三，利用计算机的语音识别技术，把语音转换成汉字。

汉字的信息输出主要有两类形式，一类是汉字字形输出，另一类是汉字语音输出。这两项技术都已被广泛使用。

技术的发展对人们使用汉字也产生了深远影响，汉字难写的问题不再是汉语的"痛点"。中文信息处理软件大大提高了中文信息输入和编辑的效率和质量，也引发了中文信息保存和传播方式的变革。

练习 简答题

1. 汉字信息输入有几种方式，分别是什么？
2. 汉字信息输出有哪几种形式？

 思维导图

练习 在思维导图中填写相应的字族及其词族

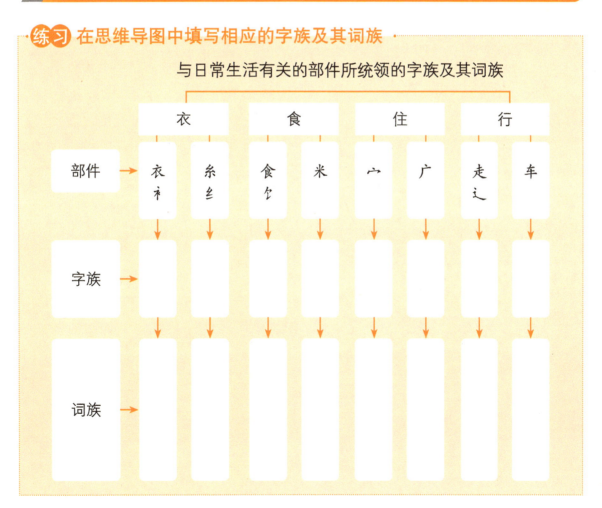

第四单元
外部世界与汉字

第十一课　草木丁干

教学目标

1. 理解汉字知识：汉字的特点（一）——一字多义
2. 了解汉字文化常识：与汉字有关的艺术形式——书法
3. 通过学习"草、木"等部件所统领的字族及其词族，认识汉语字词规律

汉字知识　汉字的特点（一）——一字多义

在常用汉字中，一字多义的现象十分普遍。实际上，大多数汉字有 2 个以上的义项，有 5 个以上义项的汉字也很常见。

最初创造汉字的时候，应该是一字一义的，汉字的意思是在使用的过程中逐渐丰富起来的。一般而言，一个字的义项大致包括本义、基本义、引申义、比喻义和借代义五类。本义就是指一个字的原始意义；基本义是指一个字最常见的意义；引申义是指由本义或基本义发展变化而来的派生意义，常见的引申义包括扩大引申义、递进引申义、词性引申义等；比喻义是指通过相似性联想，用比喻的方法生成的意义；借代义是指用一个指称某种事物的字，去指称另一种与之相关的事物。例如，"火"是象形字，其本义就是物体燃烧时产生的火焰，其基本义与本义一致。但"火"的引申义很多，扩大引申义是与火有关的事物，比如火山、火车、火箭；递进引申义是火灾，如救火、着火；词性引申义是用作形容词，表示红色的，如火腿、火鸡。因为在战争中常使用枪炮等火器，"火"的借代义就是武器或子弹，如军火、开火。"火"的比喻义是场面热闹、事业兴旺、脾气暴躁、情况紧急等，比如生意火爆、事业红火、发火（发脾气）、十万火急……通过"火"这个例子，可以发现一个字可能有多个义项，但各个义项之间是有一定联系的。通常情况下，汉字的基本义是最重要的，要准确掌握，而比喻义和引申义则是在基本义的基础上衍生出来的，通常可以在具体语境中推断出字义。

练习 根据上文，判断下列说法是否正确

1.多义性是汉字的明显特点之一，但只有很少的汉字有5个以上的义项。 （　　）

2.每个汉字都有5类不同的义项。 （　　）

3.汉字的各个义项之间通常是有联系的。 （　　）

汉字部件、字族和词族

草 部

| 甲骨文 | 篆书 | 隶书 | 楷书 | 行书 |

【解说】

"屮（cǎo）"是"草"字的最初形态，象形字，像小草的样子。现代汉语中，"草"已经代替了"屮"。作为部件，"屮"充当义符，写作"艹"。含艹部的汉字，常表示植物的名称（如：草、菌、茄）、部位（如：节、茎、花）、用途（如：茶、药、菜）、特性（如：苦、芳、蓝）、状态（如：荣、茂、萎）等。

屮（cǎo）is the initial form of 草 in pictographic script, resembling small blades of grass. In modern Chinese, 草 has replaced 屮. As a component, 屮 serves as a signifier and is written as 艹. Chinese characters containing 艹 often represent the name of some plants (for example, 草, 菌, 茄), the part of plants (for example, 节, 茎, 花), plants' usage (for example, 茶, 药, 菜), characteristics (for example, 苦, 芳, 蓝), or state (for example, 荣, 茂, 萎).

【草部所统领的字族】

一级：菜 茶 花

二级：草 蓝 节 药 英

三级：范 苦 落（luò）苹 艺 营

四级：薄 获 著

五级：落（là）劳 幕 荣 蔬 葡 萄

六级：藏 菌 蒙（mēng）蒙（méng）茄 若 薯 苏 薪

练习 选字组词

菜 葡 苹 蓝 苦

痛（　）（　）萄 （　）色 （　）单 （　）果

著 艺 落 范 营

显（　）规（　）降（　）经（　）（　）术

获 荣 劳 英 茶

（　）动 （　）叶 （　）奖 （　）国 光（　）

【草部常用汉字的词族】

花

一级：花（名词）

二级：花（动词）花园

四级：花（形容词）开花 鲜花

五级：桃花

六级：花费 花瓶 花生 梅花 烟花

常用义项

①种子植物的有性繁殖器官 flower：鲜花。

②烟火的一种 firework：烟花。

③耗费 to expend：花费。

④可供观赏的植物 plant cultivated for ornamentation：花瓶。

节

二级：节（名词、量词）春节 节目 节日 音节

三级：节约

四级：节省 季节 细节

五级：环节 情节 调节 中秋节

六级：节（动词）端午节 节假日 节能 清明节 节奏 圣诞节 时节

常用义项

①事项 item：细节。

②节日；节气 festival; holiday：清明节。

③省；节约；节制 to save：节约。

药	二级：药　药店　药片　药水
	四级：药物
	五级：中药
	六级：药品　医药　炸药

练习❶ 填写量词

一（　　）鲜花　　　两（　　）花园　　　三（　　）节日

四（　　）节目　　　五（　　）药店　　　六（　　）药水

练习❷ 根据下列句子，为"花"字选择恰当的含义

①种子植物的繁殖器官　②可供观赏的植物　③像花的事物
④像花的颜色或形状的图案　⑤一种烟火的形式
⑥使人迷惑的　⑦用，耗费

1.窗帘上的花纹（　　　）像浪花（　　　），也像烟花（　　　），看得人眼花缭乱（　　　）。

2.春天到了，花园（　　　）里的植物开花了（　　　），他最近花了（　　　）很多时间整理花园。

练习❸ 选词填空

清明节　春节　节日　时节　环节　节约　节目　节气　调节　过节

1.（　　　　）是中国人纪念祖先的传统（　　　　），同时也是一个（　　　　），在这个（　　　　），春天的花草开始生长。

2.（　　　　）代表新的一年开始了。中国人非常重视跟全家人一起（　　　　）的传统习俗，大家一起吃饺子，一起看精彩的电视（　　　　）。

3.他仔细研究了培育种子的每一个（　　　　），发现通过（　　　　）温度和湿度，可以（　　　　）30%的成本。

| 甲骨文 | 篆书 | 隶书 | 楷书 | 行书 |

【木部所统领的字族】

一级：杯　本　茶　床　果　机　楼　树　条　校　休　样　桌

二级：板　楚　查　末　相（xiāng）　相（xiàng）　椅　材　采

三级：标　村　概　格　根　极　集　架　困　李　某　木　桥
　　　亲　术　束　杂

四级：案　构　禁（jìn）　棵　林　模（mó）　权　森　松　梯
　　　未　植

五级：棒　柴　朵　柜　核　梨　模（mú）　枪　染　荣　柿
　　　桃　析　闲

六级：榜　档　杆　横　杰　禁（jīn）　栏　梁　梅　棉　渠
　　　械　枝　柱

练习 1 选词填空

　　木部主要充当_____（A.义符 B.音符），其中（　　　　　　　）
等汉字表示木本植物的名称；（　　　　　　　）等汉字表示树木的某个部
位；（　　　　　　）等汉字表示木制的器具。

练习 2 选字组词

未　木　本　术　末

基（　）　周（　）　技（　）　（　）来　（　）头

材　松　构　样　极

同（　）　教（　）　轻（　）　积（　）　结（　）

133

查 采 杂 集 架
（　　）志　（　　）体　（　　）用　书（　　）　调（　　）
朵 杂 亲 闲 困
休（　　）　耳（　　）　复（　　）　（　　）自　（　　）难

【木部常用汉字的词族】

本

一级：本（量词）　本子　课本

二级：笔记本

三级：本领　本来　本事　根本　基本
　　　基本上

四级：本科

五级：本人　成本　剧本　资本

六级：本（代词、副词）　本地　本期
　　　本身　本土　本质

常用义项

①事物的根源 origin：根本。

②原来的 original：本来。

③本钱；本金 principal：成本。

④自己方面的 one's own：本人。

⑤当前的 present：本期。

⑥装订的册子 book：课本。

机

一级：电视机　飞机　机场　机票　手机

二级：关机　开机　计算机　机会　司机　洗衣机　相机

三级：收音机　机器

四级：耳机　机遇　机构

五级：动机　时机　机器人　机制　摄像机

六级：打印机　机动车　机关　机械　危机
　　　录音机　取款机　游戏机　直升机

常用义项

①能够操作运转的装置 machine：手机。

②飞机 plane：机票。

③机会 chance：时机。

果

一级：水果

二级：如果　结果

三级：苹果　果然　成果　果汁　效果　后果

四级：果实

六级：果酱　果树

常用义项

①植物长出种子的部分；果实 fruit：水果。

②事情的结局 result：后果。

③确实 indeed：果然。

术_____

树_____

①事物的根源　②原来的　③本钱;本金

④自己方面的　⑤当前的　⑥装订的册子　⑦量词

1.这种笔记本(　　　)在本地(　　　)的生产成本(　　　)很低。但如果出口到国外,每本(　　　)能赚 10 块钱。

2.本次(　　　)课的主要内容是介绍汉字的基本(　　　)原理。

3.我的本意(　　　)是提醒他,没想到他误会了我。我根本(　　　)没想到会发生这样的事。

电视机　计算机　照相机　打印机　收音机

取款机　游戏机　洗衣机　吹风机　发动机

1.妹妹喜欢摄影,我给她准备的礼物是(　　　　);奶奶喜欢看电视剧,我给她买了一台新的(　　　　);弟弟想要(　　　　),不过妈妈不让我给他买;爷爷喜欢边运动边听广播,我送了他一台(　　　　)。

2.每个人的办公桌上都有一台(　　　　　　),但是办公室没有(　　　　),如果要打印文件,可以请秘书帮忙。

3.如果附近没有(　　　　),咱们就去银行取钱吧。

4.她买了一台小(　　　　),专门用来洗内衣和内裤。

5.汽车的(　　　　)坏了,被送到修理厂去了。

6.我的(　　　　)坏了,能借你的吹吹头发吗?

一（　　）飞机　　两（　　）机场　　三（　　）机票

四（　　）手机　　五（　　）耳机　　六（　　）计算机

七（　　）苹果　　八（　　）果汁　　九（　　）果树

自主学习部分

丁 部

【字族】

一级：打（dǎ）

二级：灯　可

三级：订

四级：打（dá）　顶　宁

五级：厅

练习 选字组词

订 定 灯 厅 顶

决（　　）　台（　　）　屋（　　）　餐（　　）　预（　　）

宁 订 灯 顶 打

（　　）光　（　　）静　（　　）扫　（　　）婚　（　　）级

干 部

【字族】

一级：干（gān）　干（gàn）

二级：平

三级：赶

五级：岸　汗

六级：肝　杆　刊

干　岸　平　汗　汉

出（　）　能（　）　河（　）　和（　）　（　）语

干　赶　平　肝　刊

报（　）　（　）均　（　）脏　（　）紧　（　）净

竹部

【字族】

一级：笑　等　答（dá）　第

二级：算　筷　答（dā）　篮　笔　篇

三级：管　简　箱

四级：笨　符

五级：签　筑　籍

六级：策　箭

练习 1 选字组词

笑　答　等　简　管

（　）应　（　）话　（　）单　（　）待　（　）理

笑　答　等　算　管

回（　）　尽（　）　微（　）　计（　）　平（　）

练习 2 填写量词

一（　）筷子　两（　）管子　三（　）笔　四（　）篮球

五（　）箱子　六（　）建筑物　七（　）答案　八（　）符号

在字义分析图中填写适当的例词或例句。

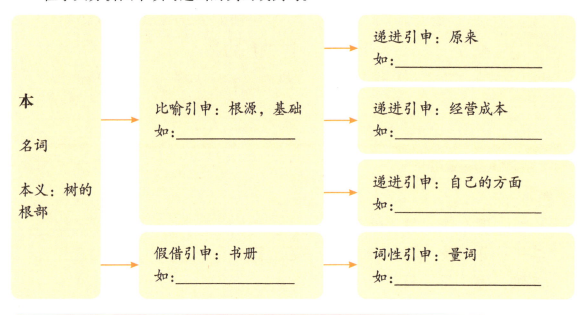

本

名词

本义：树的
根部

比喻引申：根源，基础
如：_____

假借引申：书册
如：_____

递进引申：原来
如：_____

递进引申：经营成本
如：_____

递进引申：自己的方面
如：_____

词性引申：量词
如：_____

汉字文化阅读材料

与汉字有关的艺术形式——书法

书法艺术可以简单理解为用笔写字的艺术，分为硬笔书法和软笔书法两种。中国人自古就以能写一笔好字为荣，这也使书法艺术具有强大的生命力和深厚的群众基础。

汉字书法产生于中国，它有着悠久而辉煌的发展历程。汉字在漫长的演变过程中，一方面起着沟通交流和文化传承的作用，另一方面它也孕育了书法这门独特的造型艺术。书法创作的风格涵盖了汉字发展史上的每个阶段。中国书法的五种主要书体包括篆书体、隶书体、楷书体、行书体、草书体。

古时候，人们创作书法作品用毛笔、宣纸（xuānzhǐ）、固体墨（mò）、和研磨墨的砚台（yàntái）等，笔墨纸砚被称为"文房四宝"。

书写工具对书法作品的质量有很大影响，但更重要的是书写的技巧和艺术追求。中国历史上有很多书法家，他们不仅有精湛的书法技艺，而且有深厚的文化功底，创作了很多优秀的书法艺术作品。现在，仍然有很多人热衷于书法的学习、创作和收藏。书法作品常常被悬挂在中国人的办公室、客厅或书房，是一种很高雅的装饰品。

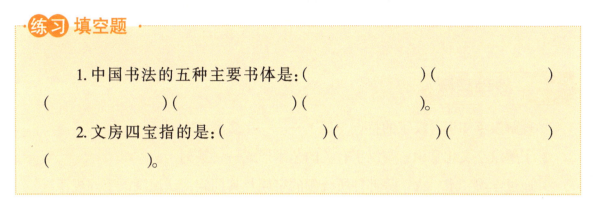

练习 填空题

1. 中国书法的五种主要书体是:(　　　)(　　　)(　　　)(　　　)(　　　)。

2. 文房四宝指的是:(　　　)(　　　)(　　　)(　　　)。

💡 思维导图

练习 在思维导图中填写相应的字族和词族

第十二课　水火田由

教学目标

1. 理解汉字知识：汉字的特点（二）——一字多音
2. 了解汉字文化常识：与汉字有关的艺术形式——篆刻
3. 通过学习"水、火"等部件所统领的字族及其词族，认识汉语字词规律

汉字知识　汉字的特点（二）——一字多音

　　汉字有单音字和多音字之分。多音字是指一个汉字对应不止一个读音。再结合多音字的字义来看，多音字可以分为多音同义字和多音多义字。前者是指尽管某个字有两个或两个以上的发音，但不同发音对应的意思却是相同的，比如"削、血"在独立使用时分别读 xiāo（如：削苹果）和 xiě（如：流血了），在复合词中则分别读 xuē（如：削弱、剥削）和 xuè（如：鲜血、血液）；多音多义字指一个字对应不同的字音，不同字音所对应的字义也是不同的，比如"和平、暖和、和面""出差、差别、差评"，很多多音多义字的读音、意思和词性都不同。

　　现代汉语中一字多音的现象很常见，而且这些多音字通常为多音多义字。也就是说，当我们学习一个多音字的时候，不仅要知道这个字的不同发音，还要了解不同字音所对应的字义。据统计，在《现代汉语常用字表》3500 个常用字中，有 405 个多音多义字，占总数的 11.6%。这 405 个多音多义字全部被收录到《国际汉语教学通用课程大纲》所附的《常用汉字表》中。其中，在 150 个一级汉字中，多音多义字多达 45 个。可见，汉字的多音多义现象十分普遍，而且绝大部分多音多义字都是常见汉字。该统计还显示，含有两个音的字有 350 个，含有三个音的字有 47 个，含四个音的字有 9 个，含五个音的字有 3 个。85.8% 的多音多义字含有两个字音，11.5% 的多音字含有三个字音，只有少量汉字有 4—5 个字音，这些汉字包括：的、着、行、落、叉、恶、膀、朴、拉、和、啊、差。

　　多音多义字可以减少造字的数量，但也带来了一字多音的麻烦，容易给初学

者带来困扰。在词语或句子中对比和记忆多音字是学习多音字的有效方法，比如：我的（de）车坏了，的（dí）确得打的（dī）去目的（dì）地。

练习 根据下表中的信息，给多音字注音，用多音字组词·

字	拼音	例词	字	拼音	例词
觉	（　）	感觉	传	chuán	（　）
	（　）	睡觉		zhuàn	（　）
看	kān	（　）	大	（　）	大方
	kàn	（　）		（　）	大夫
便	（　）	方便	干	gān	（　）
	（　）	便宜		gàn	（　）
长	cháng	（　）	行	（　）	银行
	zhǎng	（　）		（　）	举行
假	（　）	假期	空	kòng	（　）
	（　）	假如		kōng	（　）
为	wéi	（　）	乐	（　）	快乐
	wèi	（　）		（　）	音乐
的	（　）	的确	恶	è	（　）
	（　）	目的		ě	（　）
	（　）	我的		wù	（　）

 水 部

甲骨文　　篆书　　隶书　　楷书　　行书

【解说】

　　"水"是象形字，像流水的形态。水部主要充当义符，在整字的左部时常写作"氵"，在整字的下部时常写作"水"（如：泉、浆）或"氺"（如：泰、暴）。以"水（氺氵）"为部件的字，常表示水域（如：河、海、泉）、液体物质（如：汁、油、尿）、水流的运动（如：流、漫、渗）、水的功用（如：洗、灌、滋）、水利工程（如：渠、港、沟）、与水有关的活动（如：游、涉、潜）、描述水或液体的特点（如：浓、深、清）等。

　　水 is a pictographic character resembling the form of flowing water. 水 mainly serves as a signifier, and is often written as 氵 on the left part of the character. When on the lower part of the character, it is often written as 水 (for example, 泉，浆) or 氺 (5 strokes)(for example, 泰，暴). As a component, 水（氺氵）often represents water bodies (for example, 河，海，泉), liquid substances (for example, 汁，油，尿), the movement of water (for example, 流，漫，渗), the function of water (for example, 洗，灌，滋), hydraulic engineering (for example, 渠，港，沟), activities related to water (for example, 游，涉，潜), and describes the characteristics of water or liquid (for example, 浓，深，清), etc.

【水部所统领的字族】

一级：汉　渴　没（méi）　汽　水　洗

二级：法　海　河　湖　活　酒　流　满　漂　清　温　油　游　澡

三级：浪　录　派　沙　深　汤　消　演　泳　汁　注

四级：冰　测　潮　沉　淡　汇　激　渐　江　泪　浓　浅　泉　湿
　　　　源　治

五级：池 洞 泛 沟 汗 滚 滑 漏 漫 漠 泼 染 润 洒
　　　污 涨
六级：暴 波 滴 渡 浮 港 洪 混 洁 没（mò）泥 泡
　　　渠 潜 涉 添 湾 沿 洋 液

练习1 选字组词

洋 洁 泼 漫 湿
活（　） 海（　） 浪（　） 潮（　） 清（　）

漠 流 泳 澡 油
沙（　） 洗（　） 潮（　） 汽（　） 游（　）

演 法 治 满 测
政（　） 办（　） 充（　） 检（　） 表（　）

演 法 治 满 测
（　）意 （　）讲 （　）疗 （　）律 （　）量

练习2 写出意思相反的字

深（　） 浓（　） 清（　） 沉（　） 洁（　）

【水部常用汉字的词族】

水

一级：水　水果

二级：水平　药水

三级：凉水

四级：纯净水　海水　开水　矿泉水　泪水　汽水

五级：胶水　水产品　水分　水库　水灾
　　　污水　雨水

六级：洪水　酒水　冷水　墨水　热水
　　　热水器　跳水　薪水　自来水　水泥

常用义项
①无色无味的液体 water：
凉水。
②汁液 liquid：药水。

143

消	三级：取消　消费　消失　消息 四级：消化 五级：消除　消毒　消防　消费者　消极 六级：消耗　消灭	**常用义项** ①使减少直至没有 to disappear：消失。 ②花（时间或钱）to spend：消费。

流	二级：流　流行　流利 三级：交流 四级：流传　潮流 五级：流动　流通　一流 六级：流感　主流	**常用义项** ①液体移动 to flow：流动。 ②传播 to spread：流行。 ③等级 class：一流。 ④江河 river：主流。

练习 1　写出包含下列汉字的词语

游＿＿＿＿＿＿＿＿＿＿＿＿＿＿＿＿＿＿＿＿＿＿＿

深＿＿＿＿＿＿＿＿＿＿＿＿＿＿＿＿＿＿＿＿＿＿＿

法＿＿＿＿＿＿＿＿＿＿＿＿＿＿＿＿＿＿＿＿＿＿＿

练习 2　填写量词

一（　　　）水果　　两（　　　）泪水　　三（　　　）矿泉水

四（　　　）消息　　五（　　　）潮流　　六（　　　）消费者

练习 3　填写恰当的词语，组成短语

消极地（　　　）　　流利地（　　　）　　流动的（　　　）

消失的（　　　）　　一流（　　　）　　流行（　　　）

练习4 选词填空

消除　消极　消费　消费者　消毒
消耗　消灭　消失　消防　消息　取消

1.网上购物改变了传统的（　　　）方式，给（　　　）带来了全新的购物体验，但有人担心商店会越来越少，甚至可能（　　　）。

2.有两名专业人员正在检查公司的（　　　）设施，以便及时发现问题，（　　　）火灾隐患。

3.听到这则（　　　）之后，他改变了对改革的（　　　）态度，开始积极主动地配合工作。

4.上午的篮球比赛（　　　）了运动员很多精力，所以教练决定（　　　）下午的训练安排，让他们好好休息。

5.如果受伤了，可以先用酒精给伤口（　　　），因为酒精能（　　　）大部分细菌。

火 部

甲骨文　　　篆书　　　隶书　　　楷书　　　行书

【解说】

"火"是象形字，像火焰的形状。火部常充当义符，有时被写作"灬"，含"火（灬）"部的汉字常表示火的各种状态（如：焰、燃、熄）、与火有关的事物（如：灯、烛、煤）、与火有关的感受（如：炎、热、燥）、与火有关的活动（如：烤、焚、炸）、烹饪方式（如：煎、熬、煮）等。需要说明的是，并不是所有"灬"都与火有关，如"燕"的"灬"表示的是这种鸟的尾巴的形状。

火 is a pictographic character shaped like a flame. 火 often serves as a signifier and is sometimes written as 灬. Chinese characters containing the 火（灬）part often represent different states of fire (for example, 焰 , 燃 , 熄), things related to fire (for example, 灯 , 烛 , 煤), senses related to fire (for example, 炎 , 热 , 燥), activities related to fire (for example, 烤 , 焚 , 炸), cooking methods (for example, 煎 , 熬 , 煮), etc. It should be noted that not all characters with ⺗ are related to fire. For example, the ⺗ in 燕 represents the shape of a bird's tail.

【火部所统领的字族】

一级：点 火 热

二级：灯 黑 秋 然 熟（shú） 熟（shóu） 照

三级：烦 烈 烟

四级：伙 炼 燃 烧

五级：灰 烤 烂 煤 熊 灾

六级：爆 炒 焦 杰 灵 炉 灭 炮 炎 炸 煮

练习 选字组词

灭 灾 秋 伙 灰

火（　　） 消（　　） （　　）色 （　　）伴 （　　）季

热 熟 照 黑 熊

（　　）练 （　　）烈 （　　）相 （　　）猫 （　　）暗

炸 烧 炼 灯 烦

发（　　） 麻（　　） 爆（　　） 锻（　　） 电（　　）

【火部常用汉字的词族】

一级：火车

三级：火（名词）

四级：火（形容词） 着火

五级：火柴 火腿 火灾

六级：火箭

常用义项
①燃烧产生的光和焰 fire：着火。
②形容愤怒、暴躁 furious：发火。
③形容红色 red：火腿。

热

一级：热

二级：热情

三级：热爱　热烈

四级：热闹　热心

五级：加热　热量　热门

六级：热点　热水　热水器　热线

常用义项

①温度高 hot：加热。

②感情强烈 enthusiastic：热情。

③一种能量 heat：热量。

④受欢迎的 popular：热门。

点

一级：点　地点　一点儿

二级：点头　观点　快点儿　特点　一点点　有（一）点儿　重点

三级：缺点　优点

四级：点名　晚点

五级：差（一）点儿　点燃　终点

六级：百分点　焦点　景点　起点　热点　试点

常用义项

①微小的痕迹 dot：标点。

②事物的方面或部分 aspect：优点。

③一定的位置或程度的标志 point：地点。

④引着火 to burn：点燃。

⑤头或手向下移动后复位 to nod：点头。

练习① 根据下列句子，为"火"字选择恰当的含义

①燃烧产生的光和焰　②形容红色

③形容愤怒、暴躁　④比喻紧急　⑤比喻兴旺、热闹

1. 这家饭店的火锅（　　　）和火腿（　　　）都特别好吃，所以生意一直很红火（　　　）。

2. 老板知道消息以后就发火了（　　　），他要求经理火速（　　　）回公司跟他面谈。

有点儿　一点儿　差点儿　地点　缺点

晚点　优点　起点　终点　观点　重点　点头

1. 他边听演讲边（　　　　），这说明他赞成演讲人的（　　　　）。

2. 这套房子的（　　　　）是又干净又安静，（　　　　）是比较小，而且房子的租金（　　　　）贵，如果能便宜（　　　　）就好了。

3. 这次长跑比赛的（　　　　）是奥林匹克公园，（　　　　）是公园的南门，运动员要从这里一直跑到公园北门，那里是（　　　　）。

4. 火车（　　　　）了，她（　　　　）就错过了那次（　　　　）中学的选拔考试。

练习3 填写恰当的词语，组成短语

热情地（　　　）　　热烈地（　　　）　　热门的（　　　）

热情的（　　　）　　热心的（　　　）　　热闹的（　　　）

自主学习部分

田 部

【字族】

一级：累（lèi）男　备

二级：画　留　思

三级：畀

四级：奋　雷　累（lěi）　细

五级：鼻　胃

六级：番　略

画 男 思 奋 留

（　　）生　　（　　）家　　（　　）学　　（　　）考　　（　　）斗

思 画 留 备 累

积（　　）　　设（　　）　　图（　　）　　保（　　）　　意（　　）

细 雷 备 界 奋

世（　　）　　兴（　　）　　详（　　）　　准（　　）　　打（　　）

由 部

【字族】

二级：由　油

三级：邮

四级：抽

五级：届

六级：袖

袖 由 油 邮 抽

理（　　）　　加（　　）　　领（　　）　　（　　）奖　　（　　）箱

袖 由 邮 抽 届

（　　）件　　（　　）珍　　（　　）时　　（　　）烟　　（　　）于

在字义分析图中填写适当的例词或例句。

水

名词

本义：水

如：_____

借代引申：河流

如：_____

扩大引申：江河湖海的总称

如：_____

扩大引申：液体

如：_____

词性引申：形容词，指通过水路走私的

如：_____

比喻引申：质量没有保障的或假的

如：_____

汉字文化阅读材料

与汉字有关的艺术形式——篆刻

早在 3700 多年前的殷（yīn）商时代，中国人在龟甲和兽骨上刻甲骨文时就开辟了"刻字"的传统。先秦时代，玺印（xǐyìn，即印章）就是古人交往时作为权力和凭证的信物。现在，政府、单位、组织和个人仍在广泛使用印章。

篆（zhuàn）刻由中国古代的印章制作技艺发展而来。公元 13 世纪以后，篆刻艺术家尝试用石材刻制印章，这一技艺为篆刻艺术发展开辟了广阔的空间。篆刻是以石材为主要材料，以刻刀为工具，以汉字为表现内容的一门独特的镌（juān）刻艺术。篆刻的字体可以是甲骨文、金文、篆书、隶书、楷书等书体。在藏书、书信或个人收藏的字画上盖上自己的印章，可以体现出一个人雅致的情趣。

2009 年，中国篆刻入选联合国教科文组织（UNESCO）评选的"人类非物质文化遗产代表作名录"。

篆刻是以（　　　　　　）为主要材料，以（　　　　　　）为工具，以（　　　　　　）为表现内容的一门独特的镌刻艺术。

思维导图

练习 在思维导图中填写相应的字族和词族

火部统领的字族及其词

义类	火的状态	相关的事物	相关的感受	相关的活动	烹饪的方式
字族					
词族					

第十三课　金土金士

教学目标

1. 理解汉字知识：汉字的特点（三）——一音多字
2. 了解汉字文化常识：五行学说与汉字
3. 通过学习"金、土"等部件所统领的字族及其词族，认识汉语字词规律

汉字知识　汉字的特点（三）——一音多字

汉语拼音中有 21 个声母和 39 个韵母，含零声母可以组合成 400 余个音节，再配上声调，应该能组合出 1600 多个音节。但有些音节不是四声都有相应的汉字，所以普通话的实际音节约有 1300 个。一般而言，每个汉字的发音就是一个音节。仅按 3500 个常用汉字的数量计算，平均每个音节要承载近 3 个汉字。可见，一音多字的现象是不可避免的。

同音字是指在现代汉语里语音相同但意义不同的字，如"志、制、至、治、智、质、致、置"等。其实，汉语中的同音字和同音词现象都很普遍，仅凭听到的读音不一定能判断其确切的意思。比如"事实、适时""实事、时事""世事、试试、逝世"这几组同音词只有通过上下文或看文字才能准确把握它们的意思。

因为存在大量同音字，汉语的拼音化尝试就难以施行。经过长期研究和实践，人们逐渐认识到用汉字记录汉语的优点大于缺点。汉字的两大优点是"通古今"和"通四方"，前者强调，汉字从古代延续至今字形和字义变化不大，中学文化程度的人就基本上能看懂两千年来的大部分汉字书籍；后者强调，中国各地的方言语音差别大，但借助文字就能让不同方言区的人互相沟通。

尽管汉语中的"一音多字"现象十分普遍，但不是所有的音节都有很多字。有些音节只对应一个汉字，即所谓"独字音节"。据统计，《现代汉语词典》中有200 多个独字音节，其中有不少常用汉字，如：北、白、娘、别、短、放、过、走、热、水、谁、外、远、这、牛、命、口、死⋯⋯

祝 (	) (	) (	)	福 (	) (	) (	)
话 (	) (	) (	)	合 (	) (	) (	)
适 (	) (	) (	)	语 (	) (	) (	)
言 (	) (	) (	)	工 (	) (	) (	)
做 (	) (	) (	)	建 (	) (	) (	)
由 (	) (	) (	)	未 (	) (	) (	)
利 (	) (	) (	)	益 (	) (	) (	)

汉字部件、字族和词族

金 部

甲骨文	篆书	隶书	楷书	行书

【解说】

"金"是形声字，本义为金属。作为部件，金部主要充当义符，在汉字的左部时常被写作"钅"。以"金（钅）"为部件的字，常表示各种金属的名称（如：铜、铁、银）或金属制品（如：镜、钟、针）。

金 is a phonetic character, and its original meaning is metal. As a component, 金 mainly serves as a signifier and is written as 钅 when located on the left side of Chinese characters. As a component, 金（钅）often represents the names of various metals (for example, 铜, 铁, 银) or metal products (for example, 镜, 钟, 针).

【金部所统领的字族】

一级：错　钱

二级：铁 银 钟

三级：金

四级：锻 镜 销 针

五级：锅 键 锁

六级：锋 鉴 铺（pū） 铺（pù） 铅 铜 镇 钻

练习 选字组词

错 镜 针 键 锻

（　　）误　（　　）炼　（　　）对　（　　）盘　（　　）子

铁 镜 针 键 钟

眼（　　）　打（　　）　关（　　）　地（　　）　闹（　　）

【金部常用汉字的词族】

金

三级：金 金牌 现金 资金

四级：黄金 奖金 奖学金 美金

五级：基金 押金

六级：金额 金钱 金融 租金

常用义项
①贵重金属，通称金子或黄金 gold：黄金。
②钱 money：资金。

银

二级：银行 银行卡

三级：银 银牌

常用义项
①金属元素，通称银子或白银 silver：银牌。
②指货币 currency：银行。

钱

一级：钱 钱包

三级：价钱

五级：挣钱

六级：金钱 省钱 赚钱

常用义项
货币 money：钱包。

练习 ① 填写量词

一（　　　）奖金　　两（　　　）钱包　　三（　　　）银行卡
四（　　　）银行　　五（　　　）金牌　　六（　　　）钢笔

练习 ② 填写动词，组成短语

（　　　）金牌　　（　　　）押金　　（　　　）奖学金
（　　　）钱包　　（　　　）价钱　　（　　　）银行卡

土 部

甲骨文　　　　篆书　　　　隶书　　　　楷书　　　　行书

【解说】

有学者认为"土"字是会意字，下边的"一"表示土地，上方的"十"代表土块或祭祀土地神；也有人认为"土"是象形字，像土堆的形状。作为部件，土部常充当义符，一般位于汉字的下部或左部，位于左部时常被写作"扌"，俗称"提土"。以"土"为部件的字，常表示不同形式的土（如：地、壤、尘）、农业工程（如：垄、埂、堤）、建筑物（如：城、塔、墓）、房屋的部分（如：基、址、墙）、疆界（如：境、域、塞）等。

Some scholars believe that 土 is an associative compound character, with 一 at the bottom representing the land and 十 above representing the earth block or worshipping the earth god. Some people believe that 土 is a pictographic character, resembling the shape of a pile of soil. As a component, 土 often serves as a signifier, usually located on the lower or left part of Chinese characters. It is often written as 扌, commonly known as 提土 when located on the left side of Chinese characters. As a component, 土 often represents different forms of soil (for example, 地, 壤, 尘), agricultural engineering (for example, 垄, 埂, 堤), buildings (for example, 城, 塔, 墓), parts of houses (for example, 基, 址, 墙), boundaries (for example, 境, 域, 塞), etc.

【土部所统领的字族】

一级：场　地（de）　地（dì）　坏　块　里　去　在　坐

二级：墙　堂

三级：城　基　坚　境　社　土　幸　增　至

四级：堵　圾　均　垃　培　填　塑　型　址

五级：壁　堆　坦　吐（tǔ）　吐（tù）　域　墓　墨

六级：埋　坡　塞（sāi）　塞（sè）　圣　寺　塔　庄

 选字组词

墙　垃　墓　地　堵

（　　）圾　（　　）址　（　　）壁　（　　）地　（　　）塞

坏　城　型　幸　至

类（　　）　荣（　　）　甚（　　）　长（　　）　破（　　）

坏　城　型　幸　至

（　　）市　（　　）于　（　　）处　（　　）福　（　　）号

坚　塑　基　墨　壁

隔（　　）　（　　）水　（　　）强　（　　）础　（　　）料

【土部常用汉字的词族】

土
三级：土（名词）
四级：土地
五级：土豆
六级：土（形容词）　本土

常用义项
①泥土 soil：土壤。
②疆域 territory：领土。
③本地的 local：土话。

地

一级：地（dì，名词） 地（de，助词） 地点 地上 地方（dìfang） 地图
二级：草地 地球 地铁 地铁站 外地
三级：当地 地区 各地
四级：地方（dìfāng） 地面 地位 地下
　　　地址 陆地 土地
五级：地带 地形 地震 基地
六级：本地 遍地 场地 地板 地名
　　　地下室 内地 特地 园地

常用义项
①地球；地壳 earth：地震。
②自然或行政区域 place：
　地区。
③社会生活中的处境和位置
　position：地位。

场

一级：机场 商场
二级：场 广场 球场 体育场 停车场
三级：场合 场所 剧场 全场 市场
　　　现场
四级：操场
五级：场面 当场 立场 在场
六级：场地 场馆 场景 出场 考场
　　　赛场 战场

常用义项
①适应某种需要的较大的
　地方 a place where people
　gather：广场。
②事情发生的地点 spot：
　当场。

练习 1 写出包含下列汉字的词语

去_____

基_____

型_____

练习 2 填写量词

一（　　）地图　　两（　　）草地　　三（　　）地铁站

四（　　）土豆　　五（　　）商场　　六（　　）停车场

练习 3 填写恰当的词语，组成短语

（　　　）的地点　　　（　　　）的地方　　　（　　　）的地位

（　　　）的场合　　　（　　　）的广场　　　（　　　）的市场

当地的（　　　）　　　各地的（　　　）　　　现场的（　　　）

练习 4 根据下列句子，为"场"字选择恰当的含义

①适应某种需要的较大的地方　　②表演或比赛的场所或环节

③事情发生的地点　　④量词，用于文体活动或强调过程的事物

1. 操场（　　　）上正在进行一场（　　　）精彩的足球赛。

2. 演唱会上，明星一出场（　　　），现场（　　　）的粉丝们就大声尖叫起来。

自主学习部分

金 部

【字族】

二级：检　脸

三级：险　验

五级：签

六级：剑　捡

检 签 鉴 脸 金

（　）盆　（　）定　（　）牌　（　）字　（　）测

检 验 鉴 险 金

检（　）　体（　）　危（　）　资（　）　借（　）

士 部

【字族】

一级：喜

二级：声

三级：志

四级：士

五级：鼓 款

六级：壶 吉 壮

练习 选字组词 ·

喜 士 鼓 声 吉

（　）兵　（　）音　（　）欢　（　）祥　（　）励

喜 士 声 壮 志

惊（　）　名（　）　护（　）　标（　）　强（　）

根据"土"字的字义分析图，说明其字义引申情况。

土

名词

本义：土地
或土地神

扩大引申：指土地、疆域
如：国土　领土

借代引申：指家乡
如：故土　乡土

词性引申：形容词，表示本地的
如：土语　土产

递进引申：表示民间的
比如：土方　土专家

递进引申：不合潮流的
比如：土里土气

扩大引申：表示地面的各种泥沙
比如：泥土　土壤

递进引申：表示土的微粒
比如：尘土　灰土

五行学说与汉字

五行学说是中国古代的取象比类学说，不是五种元素，而是将万事万物按照所从属的性质归类到"金、木、水、火、土"五个项目中，金——金属、木——植物、水——液体、火——热能、土——土地。中国古代的哲学家常常用五行理论来解释自然界各种事物和现象的发展和变化，认为这五种不同性质的事物是不断转化和互相制约的。

在汉字系统中，"金、木、水、火、土"作为部件的汉字很多，在常用汉字中有1400字左右。五行学说理论确立的时期汉字系统已经基本成形，但此后出现的汉字或多或少受到了五行学说的影响，像"鑫（xīn）、森（sēn）、淼（miǎo）、焱（yàn）、垚（yáo）"等会意字，用于表示这类属性的物质多。再比如现代汉字中许多新造的化学元素字中，金属元素往往会加形旁"钅"，如"镭（léi）、铀（yóu）、镁（měi）、钾（jiǎ）、锌（xīn）"等。

五行学说反映出中国古人朴素的辩证思想和对事物进行归类的意识。在汉字中，也有明显的归类的思维方式。比如，表示木本植物的字，往往有义符部件"木"，表示液态物质的字则有部件"水、氵"。

练习1 填空题

"五行"指的是（　　　　　）（　　　　　）（　　　　　）
（　　　　　）（　　　　　）共五类性质的事物及其相互关系。

练习2 简答题

举例说明汉字体现了中国古人对事物进行归类的意识。

思维导图

练习 在思维导图中填写相应的字族和词族

物质类部件所统领的字族及其词族

物质 →	金	木	水	火	土
字族 →					
词族 →					

第十四课　日月雨云

教学目标

1. 理解汉字知识：汉字的特点（四）——一字多形
2. 了解汉字文化常识：社会发展对汉字演变的影响
3. 通过学习"日、月"等部件所统领的字族及其词族，认识汉语字词规律

汉字知识　汉字的特点（四）——一字多形

来华留学生在生活中有机会接触到各种各样的汉字形式，经常会在书、报、牌匾（biǎn）、对联、书法及篆（zhuàn）刻作品中看到汉字与课本上的汉字形式有很大区别。

从汉字发展的历史来看：在汉字演化过程中，形体的演变大致经历了甲骨文、金文、篆书、隶书、楷书五个阶段，每个阶段的汉字形体都有所变化，这些不同形体的汉字在名胜古迹和古代书籍中依然存在。

从汉字书法艺术的角度来看：中国书法在历史进程中形成了风格不同的书体，又经过众多书法家的艺术创造，汉字书写呈现出多姿多彩的形式。

从日常应用来看：最常见的汉字形式是印刷体和手写体；在使用中文文档办公软件时可以选择楷体、宋体、仿宋体、黑体等多种印刷字体；至于手写体，就是指用手执笔直接写成的汉字，你会发现几乎每个人都有自己的书写风格，但总体而言，以楷书和行书的手写体为主。

从世界华人使用汉字的实际情况来看：存在简化字和繁体字共存的现象，在中国大陆地区，国家语言文字工作委员会要求"社会用字以《简化字总表》为标准"，而在中国香港、澳门、台湾地区及部分海外华人聚居区仍在使用繁体字。

包括书法字体、美术字、手写体、印刷体等各种各样的汉字不同形体是客观存在的。但严格地讲，字体和字形是两个概念。字体指不同书写体式及书法的派别，强调书写风格的不同。字形专指由笔画、部件及其组合而生成的汉字的固定

形式。从这个意义上来说，只存在少量除简化字和繁体字之外的一字多形的情况，那就是——异体字，即音同、义同而形体不同的字，比如"村"，也曾写成"邨"，"邨"就是异体字。根据《异体字整理表》规定，一组异体字中的一个字为正体字，其他字为异体字，比如，"躭、躰、躶"都是异体字，他们的正体字分别是"耽、体、裸"。

下表是在中文办公软件中的字体示例。

字体	例字	字体	例字
楷体（繁体字）	學習中文	黑体（繁体字）	學習中文
楷体（简化字）	学习中文	宋体（简化字）	学习中文
手写体（楷体）	学习中文	仿宋体（简化字）	学习中文
手写体（行书）	学习中文	小篆字体（繁体字）	學習中文

练习 根据上文判断下列说法是否正确·

1. 在使用中文文档办公软件时，可以选择不同字体。 （　　　）
2. 异体字是指音同、义同而形体不同的字。 （　　　）
3. 中国所有地区都在使用简化字，在部分海外的华人聚居区仍在使用繁体字。 （　　　）

汉字部件、字族和词族

日 部

甲骨文　　篆书　　隶书　　楷书　　行书

【解说】

　　"日"是象形字，像太阳的形状。作为部件，日部常充当义符。以"日"为部件的字，常表示太阳（如：阳、旭）、时间（如：早、晚）、光亮（如：明、暗）、天气（如：晴、暑）等。有些包含日部的汉字与"日"字本义并没有关系，如"者、音、香、最"等，这些字中的"日"分别是从"白、曰、甘、冃"变化而来的。

　　日 is a pictographic character resembling the shape of the sun. As a component, 日 often serves as a signifier. Characters with 日 as their component often represent the sun (for example, 阳 , 旭), time (for example, 早 , 晚), brightness (for example, 明 , 暗), weather (for example, 晴 , 暑), etc. Some Chinese characters that contain 日 have no relation to the sun, such as 者 , 音 , 香 , 最 . 日 in these characters are derived from 白 , 曰 , 甘 , 冃 .

【日部所统领的字族】

一级：间（jiān）明　日　时　是　晚　星　早　昨　最

二级：晨　春　复　量（liàng）普　晴　阳　音　者

三级：曾　景　旧　暖　显　香　易

四级：暗　量（liáng）晒　暑　替　映　智

五级：旦　间（jiàn）暂

六级：暴　昌　昏　旺　晓　晕

练习 选字组词

　　　　　　明　晚　暖　阳　时
（　）光　（　）确　（　）会　（　）和　（　）候
　　　　　　明　晚　暖　阳　暗
傍（　）　文（　）　太（　）　黑（　）　温（　）
　　　　　　暑　景　晨　显　量
商（　）　早（　）　（　）色　（　）假　（　）著
　　　　　　春　普　替　香　曾
（　）通　（　）经　（　）季　（　）蕉　（　）代

165

【日部常用汉字的词族】

日
一级：日　日期　生日　星期日
二级：日子　节日　日报
三级：日常
四级：日记　日历
五级：工作日　今日
六级：假日　节假日　近日　明日　日夜　日语

常用义项
①太阳 sun：日出。
②地球自转一周的时间；天 day：今日。
③每天 every day：日记。

时
一级：时候　时间　小时　有时　有时候
二级：当时　那时　那时候　随时　平时　同时　小时候　这时　这时候
三级：时　及时　时代　时刻
四级：按时　临时　学时　准时
五级：不时　暂时　此时　时常　时光　时机　时事
六级：定时　过时　时期　时而　时装　时节　时时　一时

常用义项
①某个时候 time：时候。
②现在 present：时事。
③计时单位 time unit：小时。
④经常 usually：时常。

量
二级：商量　大量
三级：尽量　数量　力量
四级：量　质量　重量　含量　测量
五级：热量　能量
六级：衡量　音量　总量　产量

常用义项
①用尺等作为标准的东西测定事物的长短、大小等性质 to measure：测量。
②数目 quantity：数量。
③能承受的限度 capacity：尽量。

练习①写出包含下列汉字的词语

晚＿＿＿＿＿＿＿＿＿＿＿＿＿＿＿＿＿＿＿＿＿＿＿＿＿＿＿

间＿＿＿＿＿＿＿＿＿＿＿＿＿＿＿＿＿＿＿＿＿＿＿＿＿＿＿

早＿＿＿＿＿＿＿＿＿＿＿＿＿＿＿＿＿＿＿＿＿＿＿＿＿＿＿

练习❷ **根据下列句子，为"日"字选择恰当的含义。**

①太阳　②地球自转一周的时间，天，尤指白天
③每天　④泛指一段时间　⑤特指某一天

1. 在奶奶生病的那段日子（　　　）里，妈妈日夜（　　　）陪伴在奶奶身边，希望她能早日（　　　）康复。

2. 那天是《中国日报》（　　　）发行 30 周年纪念日（　　　），所以那天的报纸是彩色的。

3. 我们约定星期日（　　　）早晨一起去海边看日出（　　　）。

练习❸ **填写恰当的动词，组成短语。**

随时（　　）　　及时（　　）　　临时（　　）　　准时（　　）
（　　）质量　　（　　）数量　　（　　）重量　　（　　）含量
（　　）的时候　　（　　）的时间　　（　　）的时代　　（　　）的时机

月　部

| 甲骨文 | 篆书 | 隶书 | 楷书 | 行书 |

【解说】

"月"是象形字，像半月的形状。作为部件，月部常充当义符。含月部的汉字常常与月亮有关（如：朗、望、明）。也有很多含月部的字与人体有关，因为在古汉字中"月"和"肉"字形相似，后来含"肉"的汉字就归为月部了，所以含月部的汉字也常表示身体部位（如：脸、腿、臀）、内脏器官（如：胃、肝、肾）以及某些身

体的病状（如：肿、胀、脓）等。还有一些月部是由舟或丹字演变而来的，如"前、朕、青"等。

月 is a pictographic character shaped like a crescent moon. As a component, it often serves as a signifier. Chinese characters containing 月 are often related to the moon (for example, 朗，望，明). There are also many Chinese characters containing 月 that are related to the human body because in ancient Chinese characters, 月 and 肉 are similar in shape. Later, Chinese characters containing 肉 were reclassified to 月, so Chinese characters containing 月 often represent body parts (for example, 脸，腿，臀), internal organs (for example, 胃，肝，肾) and certain disease symptoms (for example, 肿，胀，脓). Some 月 components evolved from 舟 or 丹, such as 前，朕，青.

【月部所统领的字族】

一级：明　服　脑　能　朋　期　前　有　月
二级：背（bèi）　脚　脸　青　腿　阴　育　脏（zāng）
三级：背（bēi）　朝　胖　望　胜　赢
四级：肚　肥　骨　脱　胸　腰
五级：肠　脆　胆　肤　胡　肌　肩　胶　肯　朗　脾　胃
六级：胞　肺　肝　股　膜　胁　脏（zàng）　肿

练习　选字组词

期　朗　胜　阴　朋
（　）利　（　）读　（　）待　（　）友　（　）影

期　朗　胜　脱　望
失（　）　日（　）　战（　）　摆（　）　晴（　）

背　骨　肯　青　育
教（　）　（　）定　（　）景　（　）春　（　）头

肌　脑　肠　腿　脚
（　）肉　（　）步　电（　）　香（　）　火（　）

168

月

一级：月
二级：月亮　月份
四级：上个月　下个月　月底
五级：月球　岁月　月饼

常用义项
①月球 moon：月亮。
②计时单位 month：月份。

明

一级：明年　明天　明白
二级：说明　明星
三级：表明　发明　光明　明确　明显
　　　声明　文明　证明
四级：透明　鲜明
五级：明明　明亮　聪明
六级：明日　清明节　三明治
　　　说明书

常用义项
①亮；明亮 bright：光明。
②明白；清楚 clear：说明。
③公开 open：声明。
④次于今年、今天的 next：
　明天。

期

一级：日期　星期　星期日　星期天
二级：假期　学期
三级：期　长期　短期　定期　近期
四级：期待　期间　延期　期末　期限　期中
五级：期望　为期　预期　周期　初期　早期
六级：本期　到期　时期　同期　中期

常用义项
①一段时间 a period of time：
　假期。
②预定的时间 scheduled time：
　延期。
③等待或盼望 to expect：
　期待。

练习 1　写出包含下列汉字的词语

能＿＿＿＿＿＿＿＿＿＿＿＿＿＿＿＿＿＿＿＿

前＿＿＿＿＿＿＿＿＿＿＿＿＿＿＿＿＿＿＿＿

有＿＿＿＿＿＿＿＿＿＿＿＿＿＿＿＿＿＿＿＿

练习2 填写恰当的名词，组成短语

明确的（　　　）　　　明显的（　　　）　　　透明的（　　　）

说明（　　　）　　　发明（　　　）　　　证明（　　　）

练习3 填写恰当的词语，组成短语

长期（　　）　　短期（　　）　　定期（　　）　　延期（　　）

（　　）日期　　（　　）期限　　（　　）期间　　（　　）初期

自主学习部分

雨 部

【字族】

一级：雨　零

二级：雪

三级：需

四级：雷

五级：漏　震

六级：露（lù）　露（lòu）

练习 选字组词

雪　露　震　雷　需

冰（　　）　地（　　）　暴（　　）　打（　　）　必（　　）

零　震　漏　需　雨

（　　）伞　（　　）洞　（　　）要　（　　）惊　（　　）食

云 部

【字族】

一级：动　会（huì）

二级：层　云　运

四级：会（kuài）

五级：尝

练习❶ 选字组词

会　运　动　尝　层

感（　　）　幸（　　）　社（　　）　品（　　）　（　　）次

云　运　动　尝　会

（　　）输　（　　）雾　（　　）试　（　　）计　（　　）力

练习❷ 写出包含下列汉字的词语

运_____

动_____

会_____

给"时"字的字义分析图补充适当的例词或例句。

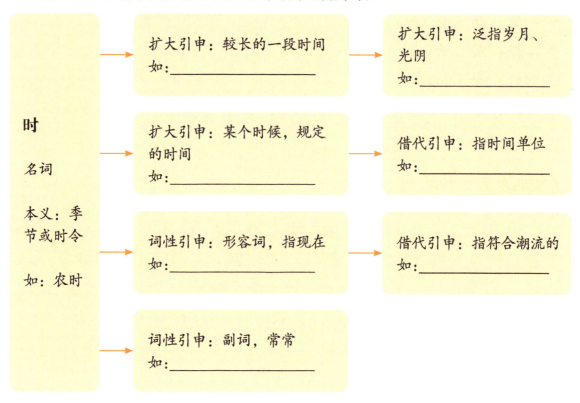

时

名词

本义：季
节或时令

如：农时

扩大引申：较长的一段时间
如：＿＿＿＿＿＿＿＿＿＿

扩大引申：某个时候，规定
的时间
如：＿＿＿＿＿＿＿＿＿＿

词性引申：形容词，指现在
如：＿＿＿＿＿＿＿＿＿＿

词性引申：副词，常常
如：＿＿＿＿＿＿＿＿＿＿

扩大引申：泛指岁月、
光阴
如：＿＿＿＿＿＿＿＿＿＿

借代引申：指时间单位
如：＿＿＿＿＿＿＿＿＿＿

借代引申：指符合潮流的
如：＿＿＿＿＿＿＿＿＿＿

社会发展对汉字演变的影响

汉语是随着社会发展而发展变化的，汉字自然也会受到影响。汉字是形、音、义的结合体，我们就从这三个方面总结一下。

在社会发展进程中，从甲骨文、金文到篆书、隶书和楷书，汉字形体的变化受到社会生产力发展水平的影响，字形朝着简化和规范的方向发展，这个趋势一直持续到简化字的普遍应用。

中国是一个多方言的国家，汉字同形同义不同音的现象十分常见。随着社会发展，各地区交流沟通的需求不断增加，各地的语音也会相应变化。跟发达地区学习、合作往往就是要学习对方常用的语言，字音就会向这些地区趋同。

社会发展对字义变化的影响最明显。在造字之初，一个汉字通常只表示一个意义，后来随着语言表达需求的提高，部分汉字的古今义发生了很大变化。在现代汉语中，虽然新的事物或现象往往由新词来表述，而不必再创造新的汉字，但在使用过程中，词语中汉字的意思就会越来越丰富。比如"打"作为动词有 24 个义项，这些义项主要从由"打"组成的词的意思总结归纳而来，比如"打电话、打的、打字、打印"等词中的"打"的意义就是新词产生的新义。

练习 简答题

1. 举例说明汉字字形的变化规律。

2. 举例说明汉字发音是如何变化的。

3. 举例说明词义是如何影响字义的。

练习 在思维导图中填写相应的字族和词族

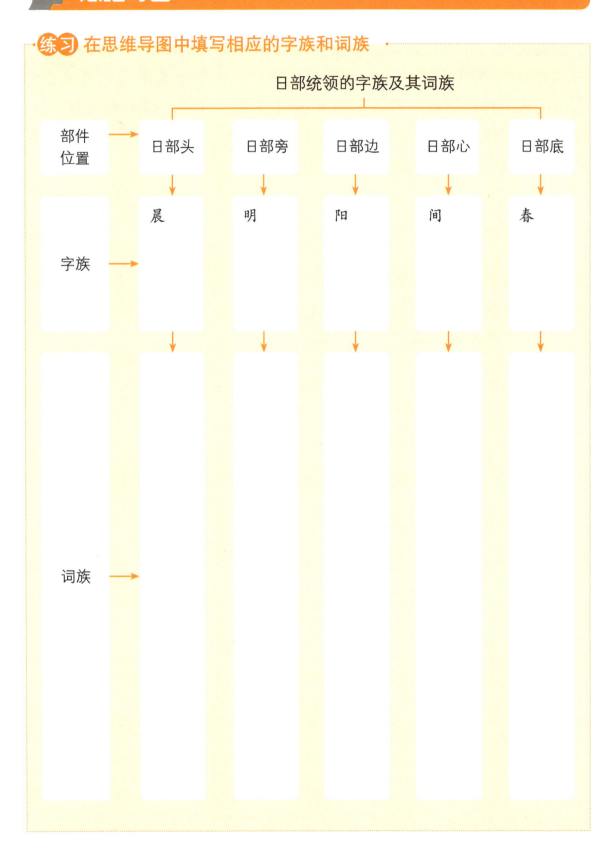

日部统领的字族及其词族

部件位置 →	日部头	日部旁	日部边	日部心	日部底
字族 →	晨	明	阳	间	春
词族 →					

第十五课　羊佳犬牛

教学目标

1. 理解汉字知识：汉字的规律性和系统性特征
2. 了解汉字文化常识：汉字中的"羊"
3. 通过学习"羊、隹"等部件所统领的字族及其词族，认识汉语字词规律

汉字知识　汉字的规律性和系统性特征

初学汉字的留学生往往会觉得汉字很难，即使是笔画并不多的独体字也存在难认、难写、难记的问题。学了一段时间以后，同学们会发现在掌握了独体字的基础上，学习笔画更多的合体字的难度反而不那么大了，因为合体字是由独体字所充当的部件及符号或笔画组合而成的。汉字越学越容易的秘密就在于掌握汉字的规律性和系统性特征。

从汉字造字法来看，象形字具有图画的特征，指事字具有明显的表义特征，二者都是独体字，都以生活中常见的名词为主；会意字则往往是由独体字组成的合体字，两个部件之间的意思是有联系的，通过联想或推测就能推断这些字的意思；形声字是由形旁和声旁组成的合体字，形旁是表示字义的部件，声旁是表示字音的部件，形声字既包含意义的提示也包含发音的提示。比如："溜、遛、熘、榴、瘤、镏"，对同学们来说可能是生字，但根据汉字知识大致能猜出这些字的发音和义类。如果按照象形字—指事字—会意字—形声字的顺序学习汉字，就容易保持较高的学习兴趣和学习效率。虽然汉字字形由简单到复杂，但学习的体验却是越学越容易，越学越有趣。

从汉字部件来看，一般可以分为义符、音符和符号。相同义符的汉字往往表示相同或相关的一类，如"口、目、金、木、女"充当义符的汉字一般有与之相关的意思；同样，相同音符的汉字也大致能表示相同或接近的字音，如"住、注、柱、驻、蛀"等。掌握了基本部件知识之后，再遇到生字也不会感到陌生，可以

通过这个汉字包含的部件信息进行分析推理。

古人在创造汉字的时候，遵循"近取诸身，远取诸物"的原则，汉字是自成体系的，汉字的部件就能说明这一点。"口、目、耳、心"等部件构成了人的感官系统，"衣、食、宀、车、刀"等部件构成了日常生活系统，"金、木、水、火、土"等部件构成了中国古人所理解的物质系统，"日、月、风、云、雨"等部件构成了自然现象系统，"鸟、鱼、犬、马、虫"等部件构成了动物系统……各个系统组合成了完整的汉字系统。

从汉语语法系统来看，每个汉字都是一个音形义的结合体，很多字被当成单音节词语使用。字法和词法之间有共通之处。"字 + 字"组成词的形式与"词 + 词"组成短语的形式，或"短语 + 短语（或词）"组成句子的形式，其内在组合规律是基本一致的。熟练掌握字的意思和用法，认识汉字的规律性和系统性特征，对同学们应用汉字学习策略、提升字词量、乃至提升汉语的整体水平都会有很大帮助。

思考题

1. 你在学习汉字的时候用过哪些有效的方法？
2. 你常常利用什么汉字规律学习汉字？
3. 汉字知识对留学生学习汉语有什么帮助？

汉字部件、字族和词族

羊 部

| 甲骨文 | 篆书 | 隶书 | 楷书 | 行书 |

【解说】

"羊"是象形字，像羊的形象，尤其突出了羊角。羊部可充当音符（如：样、氧、养），也可充当义符（如：善、美、群）。

羊 is a pictographic character that resembles the image of a sheep, particularly highlighting its horns. As a component, 羊 can be a phonetic component (for example, 样 , 氧 , 养) or act as a signifier (for example, 善 , 美 , 群).

【羊部所统领的字族】

一级：差（chà） 着（zhe） 样

二级：养

三级：美 群 善 羊

四级：盖 鲜 着（zháo）

五级：差（chā） 差（chāi） 详

六级：祥 洋 氧

练习 选字组词

详 祥 样 群 鲜

吉（ ） （ ）子 （ ）花 （ ）体 （ ）细

养 美 善 着 差

（ ）好 （ ）良 （ ）别 （ ）急 营（ ）

养 美 善 着 差

优（ ） 培（ ） 睡（ ） 改（ ） 出（ ）

【羊部常用汉字的词族】

样

一级：一样

二级：那样 这样 什么样 样子 怎么样 怎样 同样

四级：多样

五级：模样

六级：样 照样 不怎么样 一模一样

常用义项
①形貌；状态 appearance：样子。
②供模仿或观看的事物 sample：样品。

养

二级：养

三级：营养

四级：培养　疗养　养成

五级：保养　修养

六级：收养　养老

美

三级：美　美好　美丽　美食　美术　完美　美元

四级：优美　美女　美金

六级：精美　美容

练习1 写出包含下列汉字的词语

差＿＿＿＿＿＿＿＿＿＿＿＿＿＿＿＿＿＿＿＿＿＿＿＿＿＿＿

鲜＿＿＿＿＿＿＿＿＿＿＿＿＿＿＿＿＿＿＿＿＿＿＿＿＿＿＿

练习2 选词填空

不怎么样　各种各样　什么样　看样子
怎样　同样　那样　这样　照样

1.老师纠正大家写字的姿势，告诉大家不要像我（　　　　　）写字，应该像他（　　　　　）写。

2.虽然这家商场有（　　　　　）的衣服，但她觉得这些衣服的款式都（　　　　　）。（　　　　　）她对这家商场不满意。

3.无论学生来自（　　　　　）的家庭，老师都用（　　　　　）的态度对待他们。

4.无论别人（　　　　　）议论他，他（　　　　　）坚持做自己认为正确的事。

练习3 根据下列句子，为"美"字选择恰当的含义

①好看的，跟"丑"相对　②令人满意的
③使美化　④指美洲、美国

1. 我的这位朋友是来自美国（　　　）的美容（　　　）专家。
2. 这里优美（　　　）的景色和美味（　　　）的食物给游客留下了深刻的印象。

练习4 填写恰当的名词，组成短语

美丽的（　　　）　　　优美的（　　　）　　　精美的（　　　）
培养（　　　）　　　养成（　　　）　　　保养（　　　）

隹 部

甲骨文　　　篆书　　　隶书　　　楷书　　　行书

【解说】

"隹（zhuī）"是象形字，像短尾鸟的形象，是各种短尾巴鸟或禽类的总称。作为部件，隹部可充当义符，以"隹"为部件的字，常表示短尾巴的鸟（如：雁、雀、雕）或鸟的某些特征（如：雏、雌、雄）等。隹部也常用作音符，如"推、维、堆、谁"等。

隹 is a pictographic character that resembles the image of a short tailed bird, which is a collective term for various short tailed birds or poultry. As a component, it can serve as a signifier. It often represents a bird with a short tail (for example, 雁, 雀, 雕) or certain characteristics of a bird (for example, 雏, 雌, 雄). 隹 is also commonly used as a phonetic component, such as 推, 维, 堆, 谁.

【隹部所统领的字族】

一级：难（nán） 谁（shéi） 谁（shuí） 准

二级：推

三级：集

四级：售 维

五级：难（nàn） 堆 唯 雄

六级：焦 截

练习 选字组词

维 唯 售 集 雄

（ ）一 （ ）伟 （ ）护 （ ）合 销（ ）

售 维 难 准 集

出（ ） 标（ ） 思（ ） 收（ ） 困（ ）

【隹部常用汉字的词族】

推

二级：推

三级：推广 推进 推动 推开

四级：推迟 推销

五级：推辞 推行

六级：推出

常用义项

①向外用力使物体移动 to push：
推移。

②使事情开展 to promote：推进。

③根据已知判断未知 to deduce：
推测。

④让给别人；辞让 to decline：
推辞。

难

一级：难

二级：难过 难看 难听 难受 难题

三级：困难 难道 难度

四级：难免

五级：艰难 难得 难以 为难 灾难

六级：很难说 难忘

常用义项

①费事的；跟"易"相对 difficult：
难题，难免。

②使感到困难 make things hard for：
为难。

③使人不满意的；不好 bad：难看。

④不幸的遭遇 misery：苦难。

准

一级：准备
二级：准确
三级：标准　批准　准
四级：准时

常用义项
①许可；同意 to permit：
　批准。
②准确的 accurate：准时。
③标准；可作为依据的
　standard：准则。

练习1 选词填空

难道　难忘　难怪　为难　困难　难堪　难过　难免　灾难

1. 他上课很有意思，对学生也很友善，从来不（　　　　）学生，也不会让他们感到（　　　　），（　　　　）同学们都喜欢上这位老师的课。

2. 在中国留学的经历令人十分（　　　　）。刚到中国，（　　　　）会有不适应的地方，我和朋友们互相帮助，一起克服（　　　　），最终都有很大收获。

3. 洪水给那个地区造成了巨大的（　　　　），很多人因此无家可归。听到这样的消息，你（　　　　）不（　　　　）吗？

练习2 填写恰当的名词，组成短语

难听的（　　　） 　　难看的（　　　） 　　难得的（　　　）
推迟（　　　） 　　　　推销（　　　） 　　　推广（　　　）

练习3 填写恰当的动词，组成短语

（　　）难题 　　（　　）困难 　　（　　）灾难 　　（　　）难度
准备（　　） 　　准时（　　） 　　难以（　　） 　　难免（　　）

犬 部

【字族】

一级：狗

二级：哭 猫 然

三级：器 突 猪 状

四级：独 获 默

五级：猜 臭 猴 狂 献 厌 犹

六级：犯 猛

练习1 选字组词

猴 独 犹 猜 狂

疯（　） （　）特 （　）测 （　）豫 （　）子

突 器 状 然 获

既（　） 收（　） 武（　） （　）况 （　）破

练习2 写出包含下列汉字的词语

器_____

独_____

牛 部

【字族】

一级：牛 告

二级：件 物 特

三级：解

六级：牢　牺　牲

练习 选字组词

牛　告　物　件　特

转（　）　邮（　）　奶（　）　独（　）　礼（　）

牛　告　物　特　牺

（　）殊　（　）质　（　）奶　（　）牲　（　）诉

马　部

【字族】

一级：马　妈　吗

二级：骑

三级：验

四级：码

五级：骂　驾　骗　驶

六级：骄

练习 选字组词

码　吗　妈　驶　验

干（　）　密（　）　行（　）　姑（　）　经（　）

骄　马　驾　骗　骑

（　）虎　（　）车　（　）驶　（　）子　（　）傲

在字义分析图中填写适当的例词或例句。

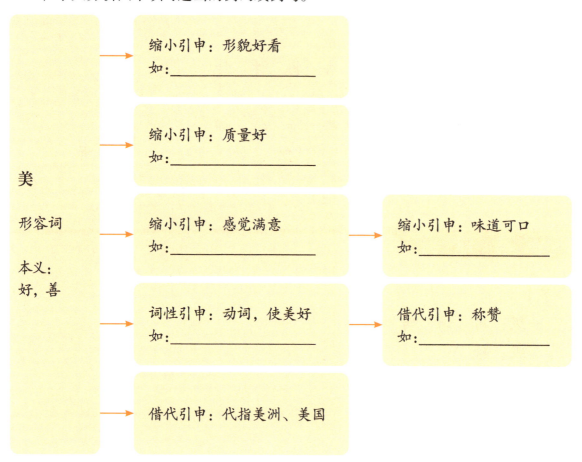

美

形容词

本义：
好，善

缩小引申：形貌好看
如：＿＿＿＿＿＿＿＿＿

缩小引申：质量好
如：＿＿＿＿＿＿＿＿＿

缩小引申：感觉满意
如：＿＿＿＿＿＿＿＿＿

缩小引申：味道可口
如：＿＿＿＿＿＿＿＿＿

词性引申：动词，使美好
如：＿＿＿＿＿＿＿＿＿

借代引申：称赞
如：＿＿＿＿＿＿＿＿＿

借代引申：代指美洲、美国

汉字文化阅读材料

汉字中的"羊"

现存最早的甲骨文里就有"羊"字，象形造字法用羊头部的形状代表羊这种动物。这说明羊在很久之前便是先民的伙伴。羊还是善良美好的象征。首先，羊在中国先民眼中是无害的，羊不伤人，也不吃别的小动物，所以羊是温和善良的象征；其次，羊一出生就是跪在地上吃羊妈妈的奶，这种行为被古人赋予了懂得感恩和践行礼义的意义；第三，羊是群居动物，羊群在头羊的带领下表现出顺从和集体意识，这也是古代中国人所看重的品格。

含有羊部的汉字一般表示美好的含义。

"美"，有的学者认为，"美"的本义是指个头大的羊十分美味；有的学者则认为，"美"字的"大"表示人的正面形象，人戴上羊角形状的饰物，表示人的容貌美。的确，在甲骨文中的"大"表示人，也确实有原始部落戴羊角或牛角饰物的记录。

"祥"把"羊"与象征祭祀和神灵的"示"结合到一起，说明羊常作为祭品，是奉献给神灵的食物。在古代，有时候人们常常把"祥"写成"羊"，由某种动物来表示美好的寓意，很可能是畜牧时代流传下来的民俗心理。

"善"在甲骨文中由"羊"和"言"组成，这就赋予了羊这种动物更多的人文色彩。"善"的本义也有美好的意思，后来多用来表示人的行为品质，如友善、善良等。

"养"的繁体字是"養"，表示给羊食物，本义就是饲养的意思。

"羞（xiū）"的甲骨文字体就像祭祀时手持羊肉做的祭品的形象，本义就是珍贵美味的食物，后来写成了"馐"。

"羡（xiàn）"的本字是"羨"，由"羊"和"次（xián）"组成。"次"表音兼表义，表示流口水的意思，所以"羨"的本义就是看到美食而馋得流口水，基本义表示羡慕、仰慕。

"羔"的基本义是刚出生的小羊。有人根据字形分析，认为"上羊下火"的组合形式表示羊在火上烤，在古代烤羊羔可能类似于"烤乳猪"这样一道菜。

练习 简答题

1. 羊部充当音符的汉字有哪些？
2. "鲜"也是含"羊"部的会意字，说说你对这个字的理解。

思维导图

动物类部件所统领的字族及其词族

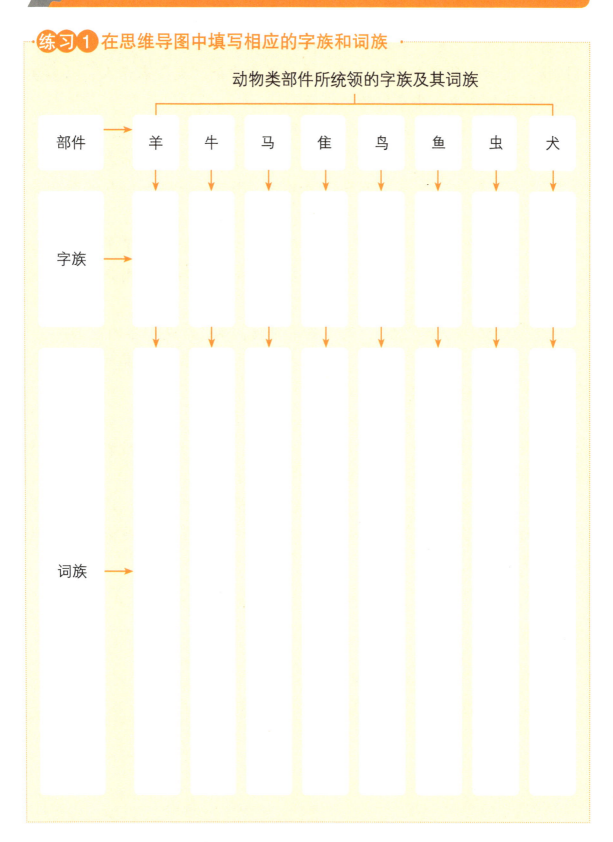

部件	羊	牛	马	隹	鸟	鱼	虫	犬
字族								
词族								

出 版 人：王君校
责任编辑：陆　瑜
英文编辑：薛彧威
封面设计：智玖拾（成都）文化传媒有限公司
版式设计：北京杰瑞腾达科技发展有限公司
印刷监制：汪　洋

图书在版编目（CIP）数据

汉字进阶教程 / 刘东青编著 . -- 北京：华语教学
出版社 , 2025. 3. -- ISBN 978-7-5138-2712-6

Ⅰ . H195.4

中国国家版本馆 CIP 数据核字第 2024L529D0 号

汉字进阶教程

刘东青　编著

*

© 中外语言交流合作中心

华语教学出版社有限责任公司出版

（中国北京百万庄大街 24 号　邮政编码 100037）

电话：（86）10-68320585　68997826

传真：（86）10-68997826　68326333

网址：www.sinolingua.com.cn

电子信箱：hyjx@sinolingua.com.cn

北京虎彩文化传播有限公司印刷

2025 年（16 开）第 1 版

2025 年第 1 版第 1 次印刷

（汉英）

ISBN 978-7-5138-2712-6

007900